品牌的跨文化传播

PINPAI DE KUAWENHUA CHUANBO

廖宏勇 著

版权所有　翻印必究

图书在版编目（CIP）数据

品牌的跨文化传播/廖宏勇著. —广州：中山大学出版社，2020.10
ISBN 978-7-306-06969-6

Ⅰ. ①品…　Ⅱ. ①廖…　Ⅲ. ①品牌—传播—研究—中国　Ⅳ. ①F279. 23

中国版本图书馆 CIP 数据核字（2020）第 178817 号

出 版 人：王天琪
策划编辑：王　睿
责任编辑：王　睿
封面设计：汤　婕　林绵华
责任校对：井思源
责任技编：何雅涛
出版发行：中山大学出版社
电　　话：编辑部 020-84110771，84113349，84111997，84110779
　　　　　发行部 020-84111998，84111981，84111160
地　　址：广州市新港西路 135 号
邮　　编：510275　　传　真：020-84036565
网　　址：http://www.zsup.com.cn　E-mail：zdcbs@mail.sysu.edu.cn
印 刷 者：广州市友盛彩印有限公司
规　　格：787mm×1092mm　1/16　12.25 印张　234 千字
版次印次：2020 年 10 月第 1 版　2020 年 10 月第 1 次印刷
定　　价：39.00 元

如发现本书因印装质量影响阅读，请与出版社发行部联系调换

前　言

"全球化"和"知识经济"为品牌的跨文化传播赋予了鲜明的时代特征。首先,"全球化"为参与国际竞争的品牌提供了一个相对公平的竞争平台,同时也带来了竞争力概念的深刻变革,集中体现在竞争力战略重心的内移上,即品牌的内部资源与能力成为影响品牌竞争力优势的核心要素,而品牌的跨文化传播就是这种内在竞争力的集中体现。其次,"知识经济"带来的技术革新使资讯传播的速度得到了前所未有的提升,同时也使得文化间的交流日趋频繁。这种多维度的文化交流使品牌每天都必须面对大量的信息。如何有效地消化这些信息,并形成传播的战略成为品牌在新经济环境中占据主动地位的关键。

本书所涉及的品牌跨文化传播研究主要采用两种不同理论取向的研究方法:一种是对文化现象做外部的描述和分析。由于该研究方法的角度是客位的,因此,在对品牌文化现象进行解析时采用这种研究方法可以避免在研究过程中受主观因素的干扰,更容易触及现象的本质。另一种是从自身文化出发,采取内部审视的方法,寻求确立一种适合自身文化特点的跨文化传播方式。采用这种研究方法有助于形成适合中国本土品牌自己的跨文化传播体系。

整体来说,本书是对跨文化传播的相关理论与方法在品牌传播领域的探索性演绎,旨在解决中国本土品牌在国际化传播中所遇到的系列问题。这种探索性演绎的意义在于:首先,它拓宽了品牌传播的视野,改变了以往单纯从市场角度研究品牌的方式。通过从文化视角深入认识品牌,进而把握住市场背后对品牌传播起决定性作用的因素,为品牌以文化方式生存与传播开辟道路。其次，中国本土品牌的传播一直以来都缺乏文化视角的方法体系，尤其是在面对文化的差异与同一并存的大国际环境时，如何化冲突为对话、化挪用为创造、化文化拿来为文化互动，将是关乎品牌生存与传播的关键性问题。因此，将跨文化传播研究与品牌传播实务结合起来思考，一方面将有助于提升本土品牌的适应力以满足国际化发展的需求；另一方面也能让我们从品牌一隅重新认识和理解中国文化的精髓，积极促成文化观念的转型与发展。

目 录

第1章 导 论 ·· 1
1.1 文化与跨文化传播 ··· 1
1.2 跨文化品牌 ··· 3
1.3 实现本土品牌跨文化传播的基本构想 ···································· 3

第2章 品牌跨文化传播的基本理念 ··· 5
2.1 和而不同：理解全球化的文化 ··· 5
    2.1.1 文化的差异 ·· 6
    2.1.2 文化的同一 ·· 9
2.2 文化生态中的品牌 ·· 11
    2.2.1 品牌视角的文化生态理念 ··· 11
    2.2.2 品牌文创与文创品牌 ··· 12
2.3 品牌跨文化传播的身份定位 ·· 20
    2.3.1 理解文化身份的方式 ··· 20
    2.3.2 品牌文化身份的含义 ··· 21
    2.3.3 立足文化观念的品牌文化身份定位 ··························· 27
2.4 文化互动的品牌跨文化传播 ·· 33
    2.4.1 品牌跨文化传播的互动系统分析 ······························ 33
    2.4.2 互动认知：作为品牌跨文化传播的认识论与方法论 ···· 38
    2.4.3 以文化为核心的品牌传播模型 ································· 42
2.5 本章小结 ·· 44

第3章 从消费文化看品牌的跨文化传播 ··· 46
3.1 消费文化与品牌 ·· 46
    3.1.1 "福特主义"与"后福特主义" ································· 46

    3.1.2 从消费视角看品牌的文化属性 …………………………… 51
    3.1.3 消费文化与品牌的关联 ………………………………… 57
  3.2 消费的风格化与品牌的跨文化传播 ………………………………… 59
    3.2.1 从"艺术-文化"系统看品牌的生存与价值实现 ………… 61
    3.2.2 风格化的品牌跨文化传播 ……………………………… 69
  3.3 消费的数字化与品牌的跨文化传播 ………………………………… 79
    3.3.1 数字化与消费社会 ……………………………………… 80
    3.3.2 品牌与网络 ……………………………………………… 82
    3.3.3 建立网络上的品牌跨文化识别 ………………………… 87
  3.4 本章小结 …………………………………………………………… 89

第4章 从文化战略看品牌的跨文化传播 ……………………………… 90
  4.1 中国本土品牌传播的战略现状分析 ………………………………… 90
    4.1.1 品牌"方法主义" ……………………………………… 90
    4.1.2 症结所在：战略贫瘠 …………………………………… 91
  4.2 品牌文化战略的思考 ……………………………………………… 92
    4.2.1 战略与战术的关联 ……………………………………… 92
    4.2.2 品牌战略的文化视角 …………………………………… 95
    4.2.3 形成品牌文化战略的基本思路 ………………………… 103
    4.2.4 品牌跨文化的战略合作 ………………………………… 106
  4.3 跨文化的品牌文化战略 …………………………………………… 109
    4.3.1 文化与经济的互动 ……………………………………… 109
    4.3.2 文化战略在品牌跨文化传播中的应用 ………………… 112
  4.4 战略的落实：跨文化品牌的知识管理体系 ………………………… 117
    4.4.1 对跨文化品牌进行知识管理的依据 …………………… 118
    4.4.2 跨文化品牌知识管理的基本构架 ……………………… 120
    4.4.3 跨文化品牌知识管理的实施层面 ……………………… 125
  4.5 本章小结 …………………………………………………………… 127

第5章 品牌跨文化传播的实施系统 …………………………………… 128
  5.1 基本的原则：实施中的平衡 ……………………………………… 128
    5.1.1 文化与经济的平衡发展 ………………………………… 128
    5.1.2 品牌文化与社会文化的平衡发展 ……………………… 128
    5.1.3 主体文化与客体文化的平衡发展 ……………………… 129

- 5.2 建立品牌跨文化传播的资产检视体系 …………………………… 129
  - 5.2.1 与跨文化传播相关的品牌资产 ……………………………… 129
  - 5.2.2 文化分析：检视品牌资产的途径 …………………………… 133
- 5.3 建立品牌跨文化传播的执行体系 …………………………………… 136
  - 5.3.1 品牌精髓中的"文化" ……………………………………… 137
  - 5.3.2 多元文化下的品牌写真 ……………………………………… 140
  - 5.3.3 跨文化的品牌形象设计创意 ………………………………… 141
  - 5.3.4 跨文化品牌的主要传播工具 ………………………………… 154
- 5.4 建立品牌跨文化传播的评估体系 …………………………………… 158
  - 5.4.1 从已有资料研究做出的评估 ………………………………… 158
  - 5.4.2 从基本定量研究做出的评估 ………………………………… 159
  - 5.4.3 从基本定性研究做出的评估 ………………………………… 160
- 5.5 本章小结 ……………………………………………………………… 161

第6章 品牌跨文化传播基本理念的反思 ……………………………… 163
- 6.1 文化在传播中的消极作用 …………………………………………… 163
  - 6.1.1 文化形成思维定式 …………………………………………… 163
  - 6.1.2 文化形成的"规范" ………………………………………… 164
- 6.2 从"走出自我"到"发现自我" …………………………………… 166
- 6.3 本章小结 ……………………………………………………………… 168

第7章 结　语 ……………………………………………………………… 169

附录　本书图片来源 ………………………………………………………… 171

参考文献 ……………………………………………………………………… 186

后　记 ………………………………………………………………………… 189

第1章
导　　论

1.1　文化与跨文化传播

学界关于文化的定义不下千种，其中最具普遍意义的定义认为：文化即一种生活方式。文化作为一种生活方式，主要有三个层面的含义：一是宽度，文化所代表的生活方式是一个群体的特征，涵盖这个群体社会生活的方方面面，主要体现为人们的思想、情感和价值观；二是深度，体现为文化所代表的生活方式总是能触及人类灵魂普遍性的问题，是世界观的，也是方法论的，因此，文化是特定区域中人们的生活哲学；三是高度，文化是人们生活质量的一种体现，文化的品位体现为人们对于生活方式的价值评判，因此，文化也可以被视为一种"讲究"。与文化所代表的这种生活方式论相关的还有一种传播学角度的文化认识论。这种文化认识论认为文化与传播有着天然的联系，"是一枚硬币的两面"。持这种观点的学者把文化看成借助符号来传达意义的人类行为，因此，文化也可以被概括为一种表意行为和符号。[①] 综合以上两种观点，我们发现文化有两个密切相关的特征：①文化是一种群体的生活方式，是世代相传的，并且是可以改变的。②文化是意义的产生和传播，可以表现为一系列符号，有很强的识别性。

一般来说，跨文化传播总是发生在具有明显差异的文化观念和表征体系的人群之间。作为文化传播的一种形式，跨文化传播具有鲜明的互动特征，这主要体现在：首先，跨文化传播是建立在文化传播主体与客体互相尊重基础上的

[①] 参见约翰·R. 霍尔、玛丽·乔·尼兹《文化：社会学的视野》，周晓虹、徐彬译，商务印书馆2002年版，第350页。

兼收并蓄，其目的是共同繁荣。因此，跨文化传播是"和而不同"的传播，它包容文化个性，并充分体现文化差异与同一的辩证关系。其次，跨文化传播是以传播双方相互认知为基础的双向传播，这有别于单向的文化传播方式。因此，跨文化传播更多地体现为文化间的"对话"或"交融"，而不是"征服"。最后，跨文化传播的实现有赖于传播技术的迅猛发展以及全球一体化的信息空间。信息流动的特性无疑强化了跨文化传播的互动色彩，因此，跨文化传播是一种高度依赖物质形态并具有一定广泛性的文化传播，是时代和技术相结合的必然产物。

跨文化传播提倡在"相互参照"的过程中认识文化的特性，使各种文化通过对话都能得到新的思想资源。对跨文化传播问题进行系统研究是近 30 年的事情，并逐步得到学界的重视。该研究始于 20 世纪 50 年代，在当时还属于应用人类学的范畴[1]；直到 20 世纪 70 年代，它才从人类学中分离出来，成为传播学研究的一部分[2]。在过去很长一段时间里，跨文化传播研究仅仅停留在社会学家和心理学家对于人际传播行为研究的基础之上，并没有深入到信息所到达的社会互动层面。[3] 到了 20 世纪 90 年代以后，跨文化传播研究开始逐步与许多边缘学科交叉，内容不断丰富，并涉及经济、社会、文化等各个范畴。至此，跨文化传播研究成果斐然，但不足之处也十分明显。这主要体现在：首先，研究的重心还拘泥于文化差异所造成的传播障碍或"误传"上，而并没有关注到不同文化背景的人真实而自然的互动，因此，研究的积极作用不够显著。其次，跨文化传播研究的立足点基本上还是西方视角，缺乏东方视角的理论体系。从这一点来看，国内尚未系统地建立起以自身文化为立足点的研究体系，因此，在理论的实践性上略显底气不足。基于以上两个原因，笔者认为，中国的跨文化传播研究应实现以下两个转变：其一，将研究重心从研究被动的文化"适应"转移到研究主动的文化"传播"上来，即从研究"误传"转为研究如何协调合作，并构建其意义；其二，将跨文化传播研究的西方文化视角转移到东方文化上来，从构筑跨文化传播的文化身份入手，大力倡导发挥文化主动性的

---

[1] Wendy Leeds-Hurwitz, "Notes in the History of Intercultural Communication: The Foreign Service Institute and the Mandate for Intercultural Training," *The Quarterly Journal of Speech*, Vol. 76 (1990): 262 – 281.

[2] Robert L. Nwankwo, "Intercultural Communication: A Critical Review," *The Quarterly Journal of Speech*, Vol. 65 (1979): 324 – 346.

[3] 参见约翰·费斯克《传播符号学理论》，张锦华等译，台湾远流出版事业股份有限公司 2001 年版。

传播。

1.2 跨文化品牌

品牌的跨文化传播可以理解为品牌跨越文化的疆域，通过互动的方式来构建文化身份，并实现文化归属识别的过程。因此，本土品牌转变为跨文化品牌应具备四个特征：一是跨文化品牌应立足于自身文化的观念，展现民族文化的特质。二是跨文化品牌在经营上应高度重视品牌的文化属性，并将其视为核心属性，渗透贯穿于品牌传播的方方面面。三是跨文化品牌的文化应具有很强的包容性，而所谓包容就是要兼顾文化的差异与同一，即"和而不同"。具体来说，就是在"差异"中求"和"，而在"同一"中求"不同"。四是跨文化品牌应具备文化的认知、理解、互动的能力，能将文化用作载体，同时又能弘扬特色文化。

1.3 实现本土品牌跨文化传播的基本构想

品牌是一种能代表民族性格的文化事物，它就像一种有趣的"四足动物"，历史的、当代的、经济的和政治的"足"是其"行动"的支撑，然而，这"四足"又从侧面反映出品牌背后一个民族在一定时期内的文化。跨文化品牌总是反映着文化，而文化又凸显着那个民族的性格。就像奔驰和宝马凸显着德意志民族的性格那样，中国的本土品牌的性格也应是中华民族性格的真实写照。客观地说，本土品牌发展的根在于民族的文化，而原动力则在于民族的精神，脱离这些，品牌就如同没有根基的树木，不可能生长，更不可能枝繁叶茂。所以说，中国本土品牌只有面对传统文化，不断地"走出自我""发现自我"，并结合当前先进的文化来促成自身文化的创新与发展，才能实现由本土品牌向跨文化品牌的转变。其实，在中国经济发展的历史洪流中，曾涌现出许多让人们耳熟能详的品牌，这些品牌以"童叟无欺"的诚信观、"质量为上"的利益观、"行善积德"的道德观成为中国商业史上的骄傲，也成为西方世界认识东方文化的标识。这些散发着浓郁民族文化特质的品牌精神，应该为中国现代品牌发展所传承，它们所传递出来的那些朴素的品牌观念为建立中国品牌自己的跨文化传播体系提供了坚实的基础。

如何实现本土品牌的跨文化传播？本书提出了一个基本的构想，如图1-1所示，从明确品牌跨文化传播的基本理念出发，通过对消费文化的认识与分析，结合中国本土品牌的现状与自身文化形成跨文化的品牌文化战略，并通过知识管理的方式落实战略规划，进而形成品牌跨文化传播的实施系统。文化反思在整个过程中是驱动力量，不仅联结理念与实施两个部分，而且指引了品牌文化变革创新的方向。客观地说，品牌的"跨文化"不仅仅是简单意义上对于文化疆域的跨越，更重要的是品牌在传播过程中跨越文化形成的思维定式，认识文化的正负效应，努力挖掘自身文化的价值，在与客体文化的对话交流中实现对自身的超越与发展。

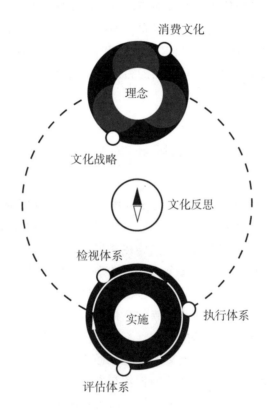

图1-1　实现本土品牌跨文化传播的基本构想①

---

① 本书所有图片来源详见附录。

第2章
品牌跨文化传播的基本理念

2.1 和而不同：理解全球化的文化

有这样五种潮流把我们推向了全球化的文化：一是交通和信息技术的发展，使得不同文化背景的人之间的交流趋于便利。二是经济全球化使得跨国商贸活动在全球范围内广泛地开展，并推动了整体经济的发展。三是由于前面两个因素所造成的人口迁移重建了社会文化的结构，在特定社会中呈现出多元文化的特征，并且这种特征逐步显现出来。四是在多元文化的影响下，社会的方方面面都在发生巨大的变化，而社会成员对于文化差异也逐渐采取了包容的态度。五是区域性同盟的建立，使得国家和民族的概念开始淡化，尤其是区域性同盟中政治、经济的密切联系，使文化也趋向于一体。整体来说，全球化的文化为品牌的跨文化传播提供了一个风云变幻的环境，如何在这样一个复杂的环境中生存、传播，是一个全球品牌共同面对的重大课题。

文化的差异与同一是当今世界文化发展的两种态势，作为跨文化传播的品牌必须要适应这两种态势，而"和而不同"则应是对待这两种态势的一个基本态度。适应文化差异主要体现在品牌对于不同文化环境的适应力上，能否跨越文化疆域生存、传播，是衡量品牌传播能力的主要指标。而品牌对于文化同一的适应则集中体现在品牌能否适应文化交流融通的大趋势，并以积极的、文化自主的心态不失时机地促进特色文化的传播与发展。

此外，差异与同一是文化事物存在的不同方式，当我们把品牌作为一种文化事物来考量时，文化的差异与同一就构成了品牌跨文化生存和发展的外界因素。从哲学角度来看，文化的差异与同一是一对辩证统一的概念，它们始终并存着。因此，我们对待文化的差异与同一有必要采取一种乐观、冷静的态度，辩证的思考与实践的认知才是理解问题的关键。而对文化差异与同一的认知程度也直接影响着品牌能否实现对文化的跨越。

有一种"文化杂交"的观点值得我们关注,持这种观点的学者认为,文化的"杂交"更能体现全球化的欢乐景象。① 他们觉得全球化使得不同的文化有可能进行兼收并蓄的接触,这是积极健康的。而同时,这些学者也提出全球化的文化并不意味着全球相同的文化,他们赞同在文化交流基础上的多样化发展,并鼓励新文化形式的产生。虽然"文化杂交"的观点偏于理想主义,但历史上的确有很多文化都通过融合的方式得到了发展;反之,隔离和恪守旧俗则使得一些文化趋向衰落。因此,我们可以这样理解文化的差异与同一:它们是文化存在的不同方式,同时也是对自身文化批判传承和对客体文化认知理解的过程,排斥其中任何一方都无助于得到客观而中肯的结论。黑格尔曾在《逻辑学》中提到认识"差异"与"同一"的方法论途径②,他认为:如果从"同一"开始,我们会发现它总是通过与其他事物的"差异"来定义事物;而当我们转向"差异",任何关于它的思考都和这一范畴"同一"的思考有关。因此,文化的差异与同一始终需要放在一起思考,而"和而不同"的态度就是辩证思考的结果。

2.1.1 文化的差异

如果说文化的同一是后天的,那么文化的差异则是先天的。我们可以把文化差异问题视为文化原型问题。在人类种族繁衍与迁徙的过程中,作为文化原型的差异早就存在了。差异是文化的原型结构,它与一定区域的经济、地理和历史条件相关,在漫长的历史进程中逐渐积淀而成。它包含了这个文化种族对于人与环境诸多因素的认同和体验,是一种动态性的复杂。文化差异贯穿于生命的物种选择之中,形成了生物进化和文化意识的双重选择,并最终以独特的宗教、科学、艺术等文化表现形态描绘了文化个性化发展的轨迹。因此,作为文化原型的差异问题蕴涵着文化生成和更新的原始力量,它起到了对伦理、道德、宗教、习俗、制度、礼仪、艺术和审美等诸多人文心理的规范作用。例如,古希腊时期海洋文化意识的原型,阿拉伯文化中希伯来语和圣经文化的原型,中国文化中龙凤的原型以及美国新大陆的欧美文化原型,等等。这些原型构建

---

① 参见弗雷德里克·杰姆逊《对作为哲学命题的全球化思考》,见弗雷德里克·杰姆逊、三好将夫编《全球化的文化》,马丁译,南京大学出版社2002年版,第68页。

② 参见黑格尔《逻辑学》下卷,杨一之译,商务印书馆1982年版,第27~65页。

了文化存在的意义，是文化差异的集中体现，同时也凸显了文化交流的意义。

从传播的角度来看，文化的差异是由文化的构成单位——差异性的符号构成的。文化总是体现为各种各样的符号，而各种差异性的符号就组成了不同的文化体系。在今天，我们通常用文化的特征性符号来识别不同的文化，进而促成有效的沟通。因此，文化的差异为我们认知和理解文化提供了一个窗口。

此外，我们也可以将文化的差异视为文化自身对于文化控制的一种免疫机制。如果说工业化生产所带来的简单崇拜效率的思想曾在一定时期野蛮地吞噬了人们的生存理性，那么，文化的差异无疑就是蕴藏在文化深层次结构中的变革力量。正是因为我们感觉到了文化趋同的危机，才使得我们如此珍视差异性的文化。从这个角度来看，全球化应该是一个逐步尊重差异的过程，而对于差异的尊重恰好可以概括为"和而不同"。当然，"不同"或者说是"个性化"从另一个侧面也体现了文化冲突的危机。因为对差异的崇拜正是建立在差异散失基础之上的，这也再一次锁定了我们对于文化趋同的焦虑。一直以来，文化的差异是文化的生存机制，差异的消亡就意味着文化的消亡。因此，任何文化在面对强势文化时，辩证地认识文化的差异将有助于形成一种免疫机制，而这种免疫机制就是形成文化自信、发挥文化自主性的开始。值得一提的是，文化自信的形成和自主性的发挥正是品牌跨文化传播的有力支柱，它源于文化的原型结构，是文化赖以生存的力量，这也是本土品牌要尊重民族精神的根本原因。

文化的差异带给我们的是适应能力的考验。品牌在跨文化传播过程中同样经历着文化适应能力的考验。如果品牌核心竞争力中缺乏适应文化差异的能力，那么，它也会像人一样出现一些不适症状，这就是我们常说的"文化休克"。"文化休克"是指由于失去自己熟悉的社会交往信号或符号，继而找不到自己在客体文化中的位置，进而在心理上产生的一种深度焦虑的症状。这种症状往往出现在到国外留学、工作或定居的人群当中，症状的轻重程度因人而异。一般来说，有较强适应力的人能够在较短时间内恢复，而适应力较弱的人则会长期处于被动状态，心情沮丧，甚至无功而返。品牌在跨文化传播中面对文化差异也可能会出现这种类似于人的"文化休克"症状。一般品牌的"文化休克"会经历蜜月期（honeymoon phase）、休克期（shock phase）、恢复期（recovery phase）和调整期（adjustment phase）四个阶段[①]，如图2-1所示，在蜜月期中品牌的经营者会沉溺于对目标市场的无限憧憬之中，因为所有的调研数据都在

---

① Larry A S, Richard E P, *Communication Between Cultures*: *fifth edition* (Peking: Peking University Press, 2004), p. 296.

表明前景一片光明。然而进入休克期后，他们会发现所有的问题其实并不像想象的那么理想，品牌受到了当地文化的排斥，巨额的损失让他们不堪重负。于是他们开始寻找原因，并试图摆脱困境，这就进入了调整期。经历了调整期后，品牌的经营者会在恢复期中进一步优化策略，开始关注文化差异问题，并在恢复期逐步摆脱"文化休克"带来的阴影。但遗憾的是，此时大量的人力、物力和财力已经被消耗了。品牌的"文化休克"表明了文化的差异对品牌传播所造成的冲击，涉及品牌组织的各个环节，并对组织的价值体系产生了深远的影响。究竟如何提升本土品牌的适应力，如何将"跨文化"敏感植入品牌的设计与传播团队中，都是我们在构筑品牌跨文化传播蓝图时应该深思熟虑的问题。

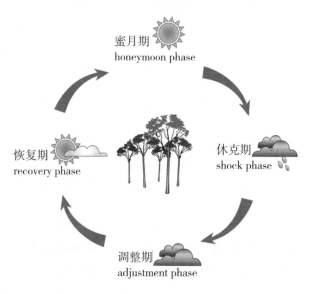

图2-1　品牌"文化休克"的四个阶段

整体来说，文化的差异一方面阐释了文化存在的意义，让人们能够通过识别符号来识别文化，而另一方面又为跨文化传播设置了障碍，使跨文化传播的主体首先必须面对文化的适应力问题。具体来说，文化的差异从表面上看似乎是品牌传播难以逾越的屏障，但正是因为这种文化差异的存在为品牌跨文化传播构建了意义。差异体现了文化的原型问题，是需要被理解和尊重的。当然，解决文化的差异问题并不能仅仅依靠"适应"来解决，我们需要一种更为主动的传播方式来灵活变通地解决品牌在跨文化传播过程中所面临的文化差异问题。

2.1.2 文化的同一

文化趋同是当今社会一个较为普遍的现象。造成文化趋同现象的原因十分复杂，归结起来主要有内因和外因两大类。

就外因来说，知识经济对文化趋同起着推波助澜的作用。技术发展同质化所诱发的文化同一现象在现今已是举目可见。尤其是媒介传播技术的突飞猛进使不同文化的人能够突破时间、空间的限制进行便利的沟通，这不但拓宽了沟通双方的文化视野，而且也使文化的传播与渗透速度大大加快。如今，我们可以通过媒介传播技术深入到世界的每一个角落，与那里的人进行沟通交流。世界各地的传播网络在今天都达到了前所未有的密集且广泛的程度，这些传播网络在全球范围内最大限度地推进了科学技术的现代化，而这种科学技术的现代化的一个直接后果就是文化的同一。

形成文化同一的内因主要来自人类社会自身，主要有三个因素。

（1）发展的主题。发展是当今几乎所有文化主体的愿望。因此，我们可以判定国际社会有着一个基本相同的发展方向。这个论断已不是一个标新立异的观点了，早在1960年科尔等人就注意到了这一点。[①] 这个基本一致的发展方向寓示着文化价值观开始出现与时代意义一致的部分。例如，如果让当今的年轻人选择的话，有多少人会放弃T恤、牛仔服、运动鞋，而穿上他们个性鲜明的民族服装？当然不能说T恤、牛仔服、运动鞋就代表着发展，但世界各地的年轻人的喜好越来越倾向于相同或者相似，已经成为一个不争的事实。

（2）经济的系统。经济向来被认为是人类社会发展的基本要素。相似的经济系统不可避免地会形成相似的文化。市场经济体制成为当今世界主流的经济体制，从其带来的经济利益来看，是以往任何经济体系都不能与之相媲美的。还有那些不断涌现的经济联盟，使不同的国家集团能够在相同的经济框架中运行，这也无一例外地为文化的同一设置了"温床"。

（3）文化的交流。交流是文化发展的自身需求，因为文化始终都在寻求认同。要取得这种认同，交流是最有效的方式。在现代社会中，我们普遍给予客体文化以极大的兴趣。例如，我们不会认为非洲的文化是落后经济的代表而鄙视它，反而会把非洲的木雕和艺术大师们的作品放在一起谈论，我们甚至会觉得经济发达的区域输出技术而经济落后的区域输出文化，所有这些都表明交流

---

① Kerr C, Dunlop J T, Harbison F H, et al, *Industrialism and Industrial Man*, (Cambridge, MA: Harvard University Press, 1960).

正成为当今文化传播的基本方式，不管是主动的还是被动的，这种愈来愈频繁的交流无一不加速了文化同一的步伐。

为了深度理解文化的同一，我们需要有一个辩证的视角，在此基础上才有可能形成理性的思考。首先，文化的同一并不完全意味着威胁，它同时也为扩大文化交流创造了条件。例如，现在中国的年轻人和美国的年轻人在兴趣爱好方面就有很多相似的地方。他们习惯融入网络的生活方式，听同样的流行音乐，都喜欢快餐，甚至喜欢同款的服饰、同样品牌的鞋子，这些相同或相似的兴趣爱好为两种不同文化背景的人提供了更多的交流话题，也方便了他们多层面的互动沟通，这是文化同一的积极层面。但是，文化的同一作为一种肆意蔓延的文化控制进程时，就成为一种扼杀文化天性的工具。必须承认的是，失控的文化同一是一件非常危险的事情，虽然我们知道全球范围内的人们都采用同样的思维方式和情感表达方式几乎是不可能的事情，但应该看到的是：文化同一的危险性并不在于全球同一的文化，而在于文化差异性的流失。由于文化对于个人和组织都有着强烈的冲击性，那么，这种差异性的流失必将带给人们的是一种对人性的奴役。回到现实中，面对文化同一的现象，我们不能用封闭自己的方式予以回应，就像我们不可能为了保护环境而回到原始的生活状态那样，我们需要的是一种理性的调理行为，即呼吁和维护文化的多样性，并用自我反思的方式重新发现自我、确立自我。

不可否认的是，文化的同一引起了人们对于文化控制论与反控制论之间争论的关注。这种关注十分有助于我们自身文化的定位，也能引发我们对自身文化的反思与创新。从历史的角度来看，文化的控制与反控制远在通信传播网络成型之前就存在了，而正是通过文化控制与反控制、融合与分化，形成了文化的发展与创新。如今，在如此庞大的传播网络面前，文化的发展与创新方式显得更为微观、复杂，人们甚至在不经意间就被纳入一个新的文化体系当中，控制与反控制似乎成为一种乌托邦式的理想主义，而大多数人仍在做他们喜欢做的事情，几乎很少人会认为如此庞大的传播网络会引起一场控制论的革命，尤其是在文化领域。然而，这种文化控制论的革命已经悄然而生了。文化同一现象带来了一种警示：对于技术神话的沉溺会让我们迷失在这场文化控制与反控制的革命中，这是值得我们深切关注的。

虽然文化的同一使得在全球范围内实行统一的品牌战略成为可能，但值得注意的是，文化的同一让品牌越来越少地具备代表民族文化差异的个性，这种深层次的品牌个性源于孕育品牌的母体文化，是历史的、当代的、经济的，同时也是政治的。虽然文化的同一为品牌的合作与交流提供了一个不可多得的平台，但其带来的品牌个性的流失会使品牌在跨文化传播过程中遭遇意想不到的尴尬。没有差异就很难说有传播，当然完全张扬文化个性而不理会文化间的沟通也是不现实的，这同样会造成品牌识别的障碍，这是"和而不同"求"和"的原因之所在。因此，对于文化个性的张扬必须给予文化间所形成的共识以充分的尊重，而在不同文化的共同经验范畴内寻找交集就是品牌跨文化传播寻求认同的最基本方法。

总之，对于中国的本土品牌来说，认识文化的差异与同一有着极其深远的意义。首先，它直接决定着品牌传播战略的选择。其次，也为品牌的文化身份定位提供了一个认识论的基础。

2.2 文化生态中的品牌

2.2.1 品牌视角的文化生态理念

文化生态是人与文化、文化与文化之间的关系整体，其中包含内容广泛且极为复杂的概念，也包含概念与概念之间的矛盾与关联。一般而言，差异与同一是文化生态中诸多矛盾关系的特征描述，也正是存在差异与同一，让文化生态呈现出内涵隽永的意义结构。值得注意的是，这个意义结构存在的"形式"便是具备再生产能力和更新机制的符号体系。因此，从某种程度上说，意义结构是文化生态的本质，它体现了文化符号与人、社会（社群）在历史维度中的相互关系。于是我们可以看到，人、社会（社群）和文化（符号与符号行为）是一个有机的复合体。人创造了文化，文化也创造了人的自身。这种互动式的相互创造，是人类价值观念在社会实践过程中的对象化，于是社会实践便成了这一互动创造的实施场域。

我们可以把文化生态理解为人、社会（社群）和文化（符号与符号行为）所构成的有机整体，它代表了某种历史和社会维度文化存在的方式与状态，其中包含多种变量关系，这些变量关系是互动创造的结果。人的社会实践行为既创造了文化，又受文化的支配。文化给予人社会实践行为的价值标准，而这个价值标准一方面在指导社会实践的过程中保持了文化的可传承性，另一方面又在人的能动性驱使下不断迎合社会和历史条件的变化，这便是文化生态所关注的问题——"人"是怎样存在的。

品牌文化是文化生态的产物，因此，品牌文化归根结底不是一种产品或服务的存在方式，而是一种"人"的存在方式。这种文化生态视角品牌存在观，包括品牌传播范畴的人与自然、人与历史、人与社会和人与自我四个层次系统的关系，而品牌所包含的"产品"与"服务"，以及"产品"与"服务"背后的观念精髓，其实就是这四个层次所描述的关系的载体。在这四个层次关系中，人与自然的关系概括了品牌文化中对于自然环境的尊重与可持续性发展的意识，这里涉及一系列价值判断，也包含由价值判断而形成的一系列责任意识的实践行为。人与历史的关系，强调品牌将自己放在一个时间序列的历史变迁中，通过观念的对话，从而形成在一定时代语境下与传播受众的深层次沟通。的确，品牌需要担负社会责任，也就是说在品牌的价值体系中，其社会价值应放在与资产价值同等重要的位置。更为具体地说，品牌需要对社会有奉献，这种奉献是对"公共性"的恪守，同时也是品牌对于人与社会关系的深刻理解与诠释。因此，从某种意义上说，品牌是"人"自我意识的媒介化延伸，通过身份认同的机制，实现"人"与"自我"的关联。品牌是"自我"在媒介环境中的一个镜像，通过对品牌的认知，我们能发现潜意识中内心的愿望，由此形成对"自我"意识的再确认。

作为文化事物，品牌是既定文化生态中的一种显性表征，受这种文化生态的塑造、完善。然而，品牌在社会化中也会形成有自身存在意义的文化生态系统，这种微观意义的文化生态系统与外部的文化生态系统不断进行着信息交互，逐渐完善并彰显自身的特质，品牌的个性也由此得以展现。

2.2.2 品牌文创与文创品牌

2.2.2.1 作为文化标识的品牌

文化标识是一种借助象征手法来表达文化内涵的方法，同时也是具体的文化事物。以中国文化的视角来看，文化标识是一种"表意之象"，即"意象"。关于"意象"的解释较早地出现在东汉王充的《论衡》之中，他说："圣人据象兆，原物类，意而得之。"[1] 大意为：古代的圣人们通过创造"意象"来解释万物。他又进一步举例解释："礼，宗庙之主，以木为之，长尺二寸，以象先祖。孝子之庙……虽知非真，示当感动，立意于象。"[2] 大致意思是：宗庙里的神位牌，人人都知道它只不过是一块一尺二寸的木牌，并不是真的祖先，但是

---

[1] 《论衡》卷二十六《知实篇》。
[2] 《论衡》卷十六《乱龙篇》。

孝子仍然虔诚行礼，寄托哀思。因此，从中国古代的"意象观"[①]来看，文化标识之所以能够引发人们对于特定文化的情感，就是通过具体形象的意义象征来实现的。

从美学角度来分析文化标识，它具有"形"和"意"两方面的意义，可谓"形""意"兼备，如图2-2所示。从"形"的角度来看，文化标识是用具体的事物来表达某种特定的文化意义。这里的文化标识是一个象征的过程，即从具象到抽象的过程。因此，文化标识的"形"与所象征的文化意义一定是有某种联系的，这种联系体现在其造型要素中。而从"意"的角度来看，文化标识是用来指代某种有特定文化意义的事物。这里的文化标识是一个符号，因此，它是对特定文化意义进行的描述，这样看来，它又是一个从抽象到具象的过程。

图2-2　文化标识的"形"与"意"

综合文化标识在"形"和"意"两方面的含义，我们发现文化标识不仅为我们认识理解文化提供了一个窗口，同时也为跨文化传播提供了一个载体。我们知道文化最大的魅力在于它提供了一种无意识行为的价值观念，这种价值观念的背后是一整套复杂的系统，文化标识通过双向过程开辟了一条让我们认识这个复杂系统的捷径，我们可以通过研究印度的湿婆舞来研究印度的文化，可以通过研究德国的交响乐来分析德国文化的精神实质，也可以通过解构瑞典的"夏季小屋"来解读瑞典的文化。的确，文化标识是一种文化的缩微模型，它的特征与文化的特征一一对应，这为我们认识文化、传播文化提供了工具和载体。

文化从形态上来说并非单纯的"物"，而是人们对行为与追求所下的"定义"，它涉及人们生活的方方面面。从对文化的差异与同一的论述中我们可以看到文化独特性何其重要，毕竟每一种文化都有其特殊的传统，因此，我们应寻

[①]　顾祖钊：《中国古代意象观与西方现代主义》，见宋耕编著《重读传统：跨文化阅读新视野》，外语教学与研究出版社2005年版，第48页。

求建立一种差异化的文化标识。文化标识是一个宏观层面的概念，它可以是一个由外而内的过程，就像上文提到的，它可以作为认识文化的窗口；也可以是一个由内而外的过程，即自我差异的具象化，以传播自身的特色文化。无论哪种过程，它都是实现人们对文化认知与理解的重要方法，对于品牌的跨文化传播都有着积极的指导意义。

构筑文化标识是差异传播的开始，也体现了对文化差异的尊重。文化标识的用途有三个方面：一是描述。它能像标识那样向人们提供文化的识别信息，其中涵盖了文化的特质部分，具有一定的识别作用。二是研究。文化标识为文化的传播研究提供了一个模型，通过这个模型我们可以把抽象复杂的文化现象——化解，将其凝聚于具体的事物中，为我们认知理解文化提供现实意义的参照。三是文化标识还代表着文化发展的意愿，也暗示着文化发展的潜在方向，具有战略层面的意义。

作为文化事物的品牌当然能够成为文化的标识。如果"意象"是一种"表意之象"的话，那么，品牌也是一种名副其实的"意象"。品牌中的文化内涵、经济价值凝结于具体的形象中，并通过"意象"的手法表述出来。品牌之所以能成为一种文化的"意象"，就源于它与生俱来的文化属性。我们可以将品牌理解为文化的"形"，而将其文化属性视为"意"，那么，品牌就成为一种文化的缩影，它不但是文化的"表意之象"，而且是"形意兼备"的文化"意象"。其实，在跨文化传播中，品牌表面上履行的是商贸传播的职责，实质上是作为一种文化的标识传递着文化的信息。

品牌成为文化标识不单是经济层面传播的需要，更重要的是文化层面传播的需要。文化的根本性作用决定了文化属性必将成为跨文化品牌的核心属性。在品牌文化标识化的过程中，孕育品牌的社会文化凝结于品牌之中，品牌文化的结构与社会文化的结构逐一对应，并清晰客观地反映出社会文化的真实状态。因此，品牌成为文化标识的关键之处在于：对孕育品牌的社会文化进行战略性的认识和理解，不断从中汲取营养，为传播注入活力。纵观历史上成功运作的品牌，大都以特定文化的"表意之象"，即文化标识的姿态出现。李维斯（Levi's）牛仔裤就是这样一个典型例子（见图2-3）。李维斯品牌的传奇是一个在淘金者身上"淘金"的故事：19世纪50年代，牛仔裤的创始人——李维·斯特劳斯为了处理积压的帆布，设计制作了适合淘金工人穿着的帆布裤。之后，"李维斯裤子"以其简单实用的设计在美国民众中颇受欢迎，这种裤子就是我们现代牛仔裤的原型。在"二战"以前，牛仔裤只是在工人、牧民中流行，而"二战"以后直至20世纪50年代，随着从好莱坞兴起的西部片热潮，牛仔裤以其潇洒的造型、随意的穿着方式吸引了不少年轻人的目光，穿着牛仔裤在那时已经成为一种时尚文化的缩影。在怀旧中突显时尚成了李维斯品牌在这一时期广告的主基调。这些对经典传奇的怀旧不可辩驳地体现了美国文化的历史感，同时也反映了美国人对于历史的渴望。在20世纪40年代，李维斯牛仔裤作为军需品，充分发挥了其结实耐磨的优良特性。于是，战乱时期的爱情故事就成了其品牌广告创作中最主要的题材。而在叛逆的50年代，李维斯品牌广告更多地在宣扬个性与反传统。广告中经常使用一些大胆夸张的元素，具有很强的视觉冲击力。进入轻松时髦的60年代后，美国街头出现了"嬉皮士"，而英国街头出现了"朋克党"，这些玩世不恭的年轻人给牛仔裤加入了游戏精神和叛逆色彩。服装不再单纯是为了美，而更多的是为了彰显个性，以表达有些颓废的自我。如图2-4所示，那些带有时代印记的社会"小角色"形象在李维斯品牌广告中得到了充分的展现。在豪放不羁的70年代，牛仔裤文化成为主流，贵族与社会名流也将之收藏于衣柜中，不再对其存有阶级偏见。英国的安娜公主、埃及的法赫皇后、法国的蓬皮杜总统都喜欢穿牛仔裤，更具代表性的是美国前总统卡特还穿着牛仔裤参加总统竞选，足见其对牛仔裤的青睐。这个时期李维斯的广告表现了一种对于"经典"的推崇，而"收藏李维斯"在当时也成为一种品位的象征。80年代，经济繁荣、思想活跃。牛仔裤被故意撕破，裂口、破洞、毛边成为最流行的标志，这个时期李维斯品牌广告更注重感觉的传达，没有过多宣扬大道理，在表现方向上只强调感觉上的共鸣，所传递的也只是一种只可意会、不可言传的微妙感觉。在返璞归真的90年代，价值反思使牛仔裤的潮流趋向纯正、朴实。李维斯品牌广告开始锁定一些特殊的消费群体，比如老人，在图2-5中所有的广告人物均为老电影演员，经典怀旧的气息在这些广告中清晰可见，但李维斯的品牌"印象"在怀旧中似乎更显时尚且不失厚重。进入2000年后，李维斯品牌又再度返璞归真，将美国年轻人随遇而安、张扬个性的文化气质展现得淋漓尽致（见图2-6、图2-7）。至此，李维斯已经将美国文化与品牌形象完美地融合，在一次又一次地阐述文化经典中，李维斯品牌成为美国所特有的文化"意象"，它酣畅地表述了美国人对于无拘无束的自由生活的追求。在李维斯品牌的发展沿革中，我们能感受到美国文化的起伏脉搏，能够洞察到各个时期人们的思想、情感和价值观。李维斯品牌已然由一个单纯的服装品牌转变为一种含义隽永的文化标识，它成为地道美国文化的写照。从李维斯的品牌发展沿革来看，品牌构筑文化标识的过程是文化一次又一次地靠近认知的过程，而并非一种简单意义的符号化，它需要深层次的社会实践和互动，而不是简单地了解文化。

图2-3 李维斯品牌的"红标"LOGO

图2-4 李维斯"红标"牛仔裤·鸡冠

图2-5 李维斯"红标"牛仔裤·怀旧明星

图 2-6 李维斯"红标"牛仔裤·随遇而安

图 2-7 李维斯"红标"牛仔裤·旅行着装

2.2.2.2 品牌文创

品牌文创是以文化资源为基础，进行产品（服务）品牌化运作的商业模式的总称。

随着以"个性化""定制化"为代表的"全民消费升级"，"原创"成为品牌消费新的增长点。"原创"是"思想独立"的一种"刷新体验"的创造。但无论是"思想独立"还是"刷新体验"，其实都离不开一定的文化生态系统。因此，在此语境下，作为创新路径，"原创"与"文创"具有一定的共通性。基于文化的创意，简称"文创"，因为文化本身即具有多元性和差异性，所以通过不同的载体和方式构建和再造的品牌文化现象，就其本质而言，其实就是一种"原创"。值得注意的是，无论是"原创"还是"文创"，其实都不是对某种设计思维的简单描述，它们都代表着一种品牌化的商业思考模式，同时也预示着一种以创新为内核的产业时代的到来。品牌文创是以文化作为自身独特的价值主张,并以此为基础整合资源,形成自己独树一帜的品牌运营模式。这种以文化价值发现、创造、传递和实现的品牌塑造逻辑,在体系上可以体现为五种具有代表性的商业模式,即以渠道创新为主导、以关键业务创新为主导、以核心资源创新为主导、以客户关系创新为主导和以盈利模式为主导。

渠道是品牌运营和盈利至关重要的要素。一般而言,渠道的建立往往是为了满足消费者日益多元的消费需求,依据商业目标进行路径规划衍生而成。渠道的根本目的是通过有效沟通而进行商业销售。在信息时代,以渠道创新为主导的品牌文创模式离不开互联网思维的创新运用。通过借助信息科技对人们生活方式的深刻影响,将品牌的文化基因渗透到人民的生活中,获得更广泛意义的文化认同,由此形成对品牌独特的文化记忆与印象。

关键业务的创新可以实现品牌商业模式的创新。对于品牌文创而言,需要发现关键业务背后可能蕴藏的文化主张和情感关联。不拘泥于单纯的市场效益,而将眼光放置于社会范畴的深层次互动,从而达到价值创造和价值实现的目的。关键业务的创新,主要是让品牌的核心价值通过有文化内涵的业务形式来获得消费者的兴趣和情感认知,并在产品(服务)的体验中感受品牌情感互动的诚意。

以核心资源创新为主导的品牌文创方式,通常需要对品牌的自身资源以及自身资源所蕴含的文化价值有清晰的判断,要甄别、提炼出对品牌文创有支撑作用的核心资源,这一资源在很大程度上确保了品牌能够为消费者提供具有竞争优势的产品或服务。例如,对于文化衍生品的开发与推广,推行"盈利性"的利用,进行规模化的生产和市场化的运作,等等,这些将资源的文化价值转化为经济价值的市场行为,可以扩充品牌的经济价值,并对核心资源进行"反哺",从而促进其可持续性发展。

以客户关系创新为主导的品牌文创,强调观念的转型,即由"品牌消费者"转向"品牌用户"。这一观念的转型,意味着如何看待在品牌传播中人与品牌化的产品和服务之间的关系。从某种意义上说,用户观念主导的客户关系是体验式品牌营销思想的体现。以用户体验为导向进行品牌的设计,让用户参与到品牌的价值创造中来,让他们近距离体验和感受品牌所营造的文化氛围,增强其主体意识和对品牌文化的认同感,由此形成群体性的创造。

以盈利模式创新为主导的品牌文创是将品牌的价值主张依据一定的文化意识和规律付诸营销实践的过程。从某种意义上说,作为品牌文创的盈利模式的创新,实际上是需求知识资产(Intellectual Property, IP)建立方式的创新。品牌文创需要进行知识资产化的营销，通过各种形式的文化活动，将知识资产转变为品牌的市场盈利渠道，由此来实现品牌商业效益的最大化。

整体来看，品牌文创作为商业模式的特性就在于，关于文化的知识资产以创新的方式融入品牌的产品和服务体系中，使得品牌的塑造获得文化精神层面的意义，并通过这种模式的创新与再造，来提升品牌的核心竞争力。

2.2.2.3 文创品牌

文创品牌是品牌在文化产业价值链中存在的方式。文创品牌是文化的传承者，同时也是文化的创造者。于是，文化的传承和创新就是文创品牌缺一不可的两面。

获得附加价值是品牌运营的目标。文创品牌通过创新的形式和内容增值品牌的价值体系，这一过程包括文化挖掘、文化创意、文创生产、销售通路和体验消费五个环节。文化挖掘是在既定文化价值主张的框架下，对传统和当代的文化事物结合品牌诉求进行梳理，去发现在文化逻辑中可用于品牌文化塑造的部分，并进行提炼开发。文化创意则是在文化挖掘的基础上，提炼文化元素，并使之符号化的过程。一般而言，符号化的文化事物更容易得到社会层面的认同，同时也能在心理共鸣的传播策略下，通过关联印象带动更多的品牌消费行为。文创生产是文化符号融入具体的产品（服务）形态的过程。这一过程需要考虑到"人"场景化的需求，并依据这一需求赋予文化符号以"血肉"，以创新的形式和功能使其焕发新的生命力。销售通路是文创品牌进入生活的方式，其主体的思考主要在于市场层面对于销售策略的部署和实施。销售通路环节往往会产生可见的经济效益，也是品牌运营效果最为直接的体现。在这个环节需要连接多元主体，广泛汲取力量整合资源。体验消费是文创品牌直接面对消费者的环节，这一环节的核心要素是体验，创造良好的体验才能让用户从心理共鸣逐渐达至文化认同，让品牌消费产生有利于文化传承发展的效益。

不得不承认，文创品牌的诞生和发展都围绕着特定文化的价值观念进行，整个过程也是这种文化价值观念的践行过程。需要注意的是，在文化挖掘和文化创意阶段产生的是特色的 IP，是塑造优质文创品牌的灵感源泉和内容基础。而文创生产、销售通路和体验消费环节则主要依托于人性化、细节性的产品（服务）设计，如此才能形成情感互动，让文化事物接地气、入人心。

客观来说，文创品牌的生命力和特性都集中体现在"原创"和"用户思维"两个层面上。对于文创品牌而言，所谓"原创"，就是面向特定文化资源，进行"数字化＋符号化＋故事化＋功能化"的创新。在信息社会语境下，任何创新都离不开技术的支撑，尤其是信息技术。在新媒体时代崛起之时，文创品牌需要与时俱进才能获得较好的发展。需要利用数字化的技术，为文创品牌的形态注入时代的活力；需要用符号化来强化对文化事物的记忆和理解；需要用故事化唤起人们对于文化身份和传统的认同；需要用功能化形成在日常生活中的审美体验，让品牌印象和文化意识深入人心。用户思维是文创品牌最终的价值归属，因为文创产品的原创其实就是用户角度的创新，无论是符号化、故事化还是功能化，其最直接的目的就是与用户产生多个维度的共鸣，由此形成更加人性化的品牌沟通与体验。

2.3 品牌跨文化传播的身份定位

品牌在跨文化传播中总会遇到诸多阻碍，而这些阻碍往往是它们在自身文化区域中很难遭遇的。例如，可口可乐和麦当劳在美国能够十分从容地进入人们的日常生活，但是对于有着悠久饮食文化历史的欧洲人和亚洲人来说，接受它们恐怕得花些功夫。一般来说，人们吃什么最能体现他们的文化身份；反之，文化身份也最能体现他们的喜好。因此，品牌跨文化传播首先必须面对文化身份的问题，只有妥善解决了这个问题才能有针对性地展开品牌传播的工作。

2.3.1 理解文化身份的方式

对于文化身份的理解至少有两种：一种是本质论的，即将文化身份视为已经完成了的事实，或者是已经构建好了的本质，是不可变动的。另一种是将文化身份视为正在被构建的东西，并且总是处于形成的过程中，具有可塑性。前一种理解文化身份的方式其狭隘之处不言而喻，它不但将文化身份独立于客观现实之外，而且用静止的、本质论的思想来抵御实践所带来的发展。其实文化身份不但属于"过去"，同时也属于"未来"，它不是一个业已存在不可改变的东西，而是像一切历史性事物那样，在不同的时期经历着不同的变化。换句话说，文化身份并非一个结果，而是一个过程。它不是某个"本质化"了的过去，而是在实践中不断被符号、意义、关系所重新塑造的东西，因此，我们可以将文化身份视为一个不断被充实和完善的过程。例如，2008年北京奥运会所提出的"绿色奥运、科技奥运、人文奥运"的核心理念就为中华民族的文化身份加入了"绿色"和"科技"的意义，使其更为饱满、现代、更具活力。

在品牌跨文化传播中采用历史观来理解文化身份是妥当的。首先，它避免了品牌在传播过程中形式主义的误区，品牌文化身份的构建问题并不是某几个民族的文化符号能解决的，它需要深入地理解社会文化的精神实质和全球文化的整体趋势，需要在不断地传播实践中得以达成，而简单地使用那些本质化了的符号只会流于肤浅。其次，品牌的跨文化传播从实质上就是一个构建文化身份的过程，这个过程并不是一蹴而就的，也不是独立于国际大环境之外的，它需要不断地被时代赋予新的意义，它并非僵死的、闭塞的，而是动态的、开放的。所以说，只有承认文化身份是在不断构建中的，才有可能在文化差异和同一的复杂环境中寻求到文化的理解与认同，从而实现文化互动方式的品牌传播。

2.3.2 品牌文化身份的含义

一般认为，"跨文化"是指通过跨越体系的界限来经历文化归属性的过程。这个过程体现为人与人、人与事物以及事物与事物之间的关联。从这个定义中我们可以看到"经历文化归属性"是"跨文化"的实际目的。所谓文化身份是指某个群体在传播系统中的特殊性格，是人们在特定环境、事件或传播语境中声明群体身份时所体现出来的。从跨文化传播角度，我们能认识到文化身份存在于一切信息被构建、强化、竞争和挑战的传播过程中。因此，我们可以得出这样的结论：文化身份是借助媒介传播的方式，通过各种形象语言，如图像、文字、声音等塑造出来的，它是一种公开表示归属的过程，它既是持久的，也是变化着的。

跨文化品牌的文化身份代表着品牌的"文化血型"，关系着品牌的"性格"，是跨文化传播的重要因素。具体来说，跨文化品牌的文化身份决定着品牌采用何种方式与客体文化中的消费者进行沟通，同时也体现着跨文化传播的主体发挥文化自主性的程度。它可以被不同时期的品牌战略理念所构建，也可以在跨文化传播中被客观现实所改造。品牌的文化身份是体现文化差异的镜子，同时代表着对于文化同一的理解。它不但反映了品牌的自我期望与他人期望，同时也起到了文化识别的作用，它是品牌跨文化传播的基点。

2.3.2.1 自我期望与他人期望

身份问题在我们日常交往中发挥着十分重要的作用，我们知道，文化的一个重要作用就是它能够帮助我们解读世界，而文化身份则为我们解读世界提供了一个心理的出发点。在现实当中，我们会发现有一些品牌的文化身份是针对特定群体的，例如，星巴克在中国的文化身份是属于小资文化的，它体现了小资人群的期望，同时也体现了人们对他们的期望。图2-8是上海城隍庙的星巴克店面外景,在设计上采用了典型的中国样式,黑底金字的店面招牌不但体现了星巴克的自我期望——与中国文化的交融,而且体现了中国的小资人群对于星巴克的文化期望。抛开品牌,一些文化身份在不同的文化中有着相似的意义,例如父亲或母亲,他们所承载的文化内涵在很多文化中都有着相似的地方,这些文化身份同时也代表着自我期望和他人期望。从某种角度来说,自我期望和他人期望在跨文化传播中体现为一种文化的责任与义务,它们一起构成了文化身份的本质。

图 2-8　上海城隍庙星巴克的店面外景

一般来说,品牌的文化身份回答了这样两个问题:一是"我是什么",二是"别人认为我是什么"。从这两个问题中我们可以看到品牌的文化身份体现了品牌的愿景和消费者的愿望。当品牌的愿景和消费者的愿望重合时,品牌在跨文化传播中就容易得到文化的认同,而品牌价值也更容易实现。当品牌的愿景和消费者的愿望偏离时,那么,就应该考虑文化身份的调整或重新定位了。

品牌文化身份体现的自我期望和他人期望的主要内容可以分为两个层面:第一个层面是角色。担任角色的不同,自我期望和他人期望的内容也不尽相同,由此所体现的文化身份也会有所差别。品牌所担任的角色决定着品牌采用什么样的方式与消费者沟通,这直接影响着品牌形象的设计表现与传播的具体方式。我们知道不同的文化对角色的理解是不一样的,例如,不同文化背景的人对于老师身份的期望会有很大的不同。在巴西,一般来说,老师与学生的关系是朋友般的,学生拍拍老师的肩膀是很正常的事情;相比之下,美国的师生关系就显得要拘谨、正式一些;而美国师生关系与日本师生关系相比又完全是两码事,日本的老师会更加注重师生之间的礼仪关系；中国也是如此。品牌在传播中所担任的角色决定着品牌在不同文化中应具备的沟通素质，决定着品牌和消费者之间建立起来的是一种什么样的关系，而这种关系就是品牌形象设计表现的关键因素。例如，肯德基进入中国市场就一直秉承着"做中国人邻居"的理念，那么，如何诠释这个来自美国的"邻居"身份呢？肯德基不但将西方的营养观念与中国的养生之道相结合，而且在它的许多广告中都表现出一种在中国所特有的"邻里关系"，把"远亲不如近邻"的观念演绎得恰到好处。由此看来，恰当角色的恰当文化身份是跨文化沟通的必备条件。图2-9是内蒙古扎鲁特旗的肯德基店面外景，可谓肯德基对"邻居"的亲切搭讪。虽然当地大部分蒙古族人都认识汉字，但肯德基仍然在其店面招牌上使用了蒙文，可见其对当地文化的尊重。这个例子也引出了自我期望和他人期望第二个层面的内容——语言。语言反映了人们在跨文化传播过程中对于沟通的愿望。一般来说，我们总是认为语言是最能体现文化身份的部分，很多研究都表明了语言对于文化身份的认知作用。人们在得知了你的角色后，总是希望你能用这个角色的语言方式来表述自己。这种潜在的心理期望来源于对文化的好奇感，但这又是一个非常矛盾的过程。通常，中国本土品牌在跨文化传播过程中所担任的文化角色总是被期望能够有中国文化的影子，尤其是一些语言或符号，而这些语言和符号往往又是文化交流的障碍。例如，在中国，酒品牌的形象表现元素中使用唐诗、宋词是最能够体现文化特质的，但外国人能理解唐诗、宋词的人毕竟是少数，于是就出现了一个"瓶颈"问题。在这种情况下，我们十分有必要对障碍性的语言做一种创新形式的转换，在深入了解双方文化的基础上，用图形或恰当的翻译巧妙地阐述文化身份的意义，以满足那些看似"矛盾"的心理期望。

图2-9　内蒙古扎鲁特旗的肯德基店面外景

2.3.2.2 相似性与差异性的作用

其实,文化身份只存在于相似性与差异性的相互作用中。因为我们在接受任何一种文化身份时总是在不停地寻求差异与相似的成分,这是我们对文化身份认知的一种基本方式。相似与差异其实是一个比较认知的过程。其中相似的比较总是体现在同一种属之间,例如,天主教、基督教和佛教都是属于宗教的种属,因此,它们之间才有可能比较差异,而天主教徒身份和女性身份之间就没有可比性,因为在不同种属之间谈论身份的相似性与差异性并无意义。就文化来说,同样有种属的比较问题,比如亚文化作为社会分支群体所拥有的文化和区域文化就不是属于同一级别的种属,它们之间的可比性很小,我们也无法通过比较小资文化和中国文化的相似性和差异性来识别彼此的文化身份,因此,我们在相似与差异的比较时十分有必要厘清这种种属级别关系。

由于品牌的跨文化传播一般出现在区域文化之间,因此,我们应该将主体文化与客体文化做一个相似性和差异性的比较,以期形成清晰的文化身份识别。一般情况下,我们会觉得差异是使我们与众不同、独一无二的地方,而忽视相似性的比较并不利于两种文化间的沟通。文化身份不仅是差异作用的结果,同样也是相似性作用的结果。尤其是在品牌的跨文化传播中,对文化相似性的分析能够帮助我们找到最有效的跨文化传播方式。因此,对文化身份中相似性成分的探讨在品牌的跨文化传播中有着积极而重要的作用,这主要体现在以下两个方面:

(1)虽然我们认识自己并说明自己与众不同都离不开差异性的陈述,但是差异性总是在"一定环境"中才能体现出来,而正是这个"一定环境"造就了文化身份中的相似性。例如,我们在比较美国文化和中国文化的差异时,总是在同一时间维度中展开,这不可避免地使得两种差异性文化有了某些相似的时代特征。深入剖析这些时代赋予文化的相似点,就能找到互动沟通的桥梁。例如,麦当劳在2003年"变脸"(对品牌形象的重新设计)后曾广泛地在品牌形象表现元素中采用"Hip-Hop"风格(美国黑人街头艺术风格)。而由于"Hip-Hop"所具备的时代性,身处亚洲文化圈的年轻人对此也是熟悉和青睐的,因此,麦当劳这次以"Hip-Hop"为主调的"变脸"在亚洲各国都取得了不错的效果,"我就喜欢(I'm lovin' it)"这个"Hip-Hop"风格的广告语也成为家喻户晓的口头禅。图2-10是麦当劳"变脸"后的标识,其标识形态没有发生任何变化,但个性化的广告语让标识的文化特质发生了变化,年轻取向的品牌文化身份定位,让这个百年品牌显得愈加厚重。麦当劳这次"变脸"是一次十分典型的互动性传播,它洞察了文化的真实属性,并且将其融入品牌的传播中,使品牌文化与流行文化接上了"轨"。它在文化身份的构建上并没有采用差异化的方式,而是借用了时代所造就的文化"同一"来实现文化身份的认同。麦当劳"变脸"的例子说明了相似性对于文化身份的确立所起到的独特作用,它建立起来的其实是一种业已受到认同的文化身份,在此基础上进行跨文化的互动当然是顺理成章的事情。图 2-11 是大众汽车 Polo 的品牌广告,在画面中使用了一组人们耳熟能详的卡通形象,正是因为这些卡通形象受到不同文化的年轻人的认同,所以该系列的品牌广告在不少地区取得了不错的市场宣传效果。

图 2-10 麦当劳的"我就喜欢"广告语

图 2-11 大众汽车的品牌广告

（2）对相似性的比较能够在跨文化传播中起到"和"的作用。对相似性的探寻使得人们能够触及人性的东西，而这些东西恰好能够跨越文化的鸿沟，引起不同文化身份的人心底的共鸣。例如，在不同文化中，人们对于母亲身份的认知有着惊人的相似之处，这种相似是植根于人性之中的，虽然人们对于母亲眷念的方式在不同文化中并不相同，但对于母亲的爱与信赖却是一致的。图2-12是奔驰汽车的品牌广告，广告用"母亲"概念阐述品牌内涵，其用母亲紧拥孩童的形象隐喻了产品对驾驶者人性化的关怀。其实在品牌的跨文化传播中深入挖掘"文化之根"，就能够发现在人性的共有特质中包含许多像这样的对文化身份认同能起积极作用的要素。通过对这些共有特质做创造性演绎，品牌形象能从人性最深处唤醒人们共同的情感，让不同文化的人跨越沟通的屏障互动起来，形成文化间真实自然的交流。这种来源于人性深层次的相似往往是情感的凝结，是对文化差异本质的超越。图2-13是COOPKONSUM超市的品牌广告。该广告使用了与人体器官出奇相似的新鲜蔬菜，体现了不同文化背景下的人对于健康的共同理解，的确，"我们只有一个身体"，食用新鲜的蔬菜才能身体健康。无疑，在不同文化中，人们对于人体自身器官的认识有着一定程度的相似性。

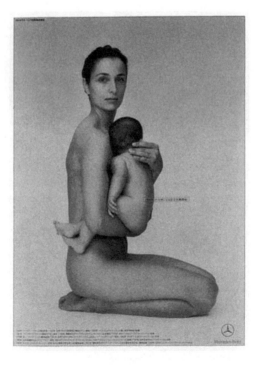

图2-12　奔驰汽车的品牌广告

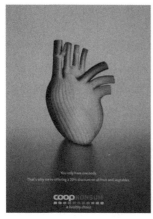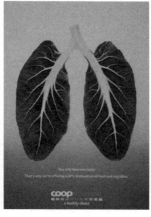

图 2-13　COOPKONSUM 超市的品牌广告

从以上两个层面的论述中，我们不难发现差异性与相似性对文化身份的构建与认同都有着非常重要的作用。我们在探讨品牌文化身份时，不仅要关注其中的差异性要素，也应该关注一些重要的相似性要素，这样才能全面地认识文化身份的意义，并为品牌文化身份的定位奠定基础。

2.3.3　立足文化观念的品牌文化身份定位

构建文化身份是持久的、寻求认同的过程。而文化身份的构建需要一个基点，这个基点就是文化身份的定位，它是内核的、不变的。品牌文化身份的定位反映出一种文化的世界观、方法论，它一方面体现了作为跨文化品牌的自我期望和他人期望，另一方面也通过相似性和差异性的比较来实现对文化身份的识别。作为品牌文化身份的基点，定位是战略层面的，同时也是战术层面的。前者体现在品牌文化身份在跨文化传播中必须具备的长效性和普遍性，而后者则体现在品牌文化身份对于具体品牌传播活动的指导作用。所以说，品牌的文化身份定位无论从宏观还是微观层面对跨文化传播来说都起着举足轻重的作用。

2.3.3.1　文化身份定位的形式

品牌的文化身份定位一般有这样几种形式：一种是原有文化的身份定位，一种是客体文化的身份定位，还有一种是国际化的身份定位。每一种文化的身份定位都各有优劣，也产生了品牌文化"意象"的百态。

原有文化的身份定位是一种坚守自身文化疆域的文化身份定位形式。这种形式在中国有着广泛的哲学基础，它强调以自我优化的愿望为动力，以自我文化的根基为主导,通过对传统文化的挖掘来实现去伪存真的创新目的。这种文化身份定位从根本上符合中国人的思维方式,但在全球化的今天,这种形式的文化身份定位也流露出一些弊病。例如,坚守文化疆界容易忽视品牌的国际化合作,品牌在国内有着广泛的市场,却不能适应国际化的竞争规则,于是就出现了本土品牌"内战内行,外战外行"的局面。毕竟在高度合作化的今天,仅靠品牌的自我优化远远不够。

客体文化的身份定位就是抛弃自身文化,接受和完全融入另外一种文化。这种文化身份的定位形式一般出现在品牌所承载的原有文化与客体文化出现冲突与对抗时,它是品牌迫于扩大市场份额的商业目的所做出的一种适应性的让步。品牌在这个过程中对于客体文化是完全认同和接受的,但这却是出于获取生存权利的需要,因此其在传播的主动性上就颇显怯弱了。虽然这种文化身份定位的形式在短期内能给品牌带来一些市场收益,但从长远来看,会导致品牌原有的文化特质褪色或消亡,其结果就是被边缘化。因此,客体文化的身份定位是很难让品牌成为客体文化市场主流的。

国际化的身份定位在目前来说是呼声最高的。这种文化身份定位的形式试图将两种文化(原有文化和客体文化)融合以确定自己的文化身份,或是超越这两种文化身份以取得一种普遍适用的"第三者位置",这显然有些理想主义。原因在于它把跨文化传播简单地看成了一个打破文化疆界的过程。我们知道每一种文化类型都有自己的文化疆域,远离疆界的中心部分是最有特色的,是文化的本质特征之所在。而靠近疆界部分是与其他文化类型模糊接壤的部分,在那里只具备该文化的一些次要特征,如果试图将两种文化融合,其后果是非常危险的。它会不可避免地致使其中一种文化的本质特征成为融合后新文化的次要特征,甚至还可能使得两种文化的本质特征全都丢失。这样一来,其最终结果就是两种文化的全部消亡。

综合以上三种品牌文化身份定位的形式,我们发现只有创造性地坚持原有文化身份定位才是最适合中国本土品牌的。这应该是品牌文化身份定位的第四种形式。它一方面对原有文化疆域进行创造性地延伸与更新,避免盲目地坚守;另一方面对客体文化也采取了乐观的态度,它通过将客体文化作为参照来实现文化的自我发现和发展。图形心理学家贡布里希曾提出过这样的观点:在画家头脑中其实有一种像文化一样后天习得的"图式",画家通过绘画经验的积累,对头脑中的这些"图式"进行矫正来实现风格的创新。① 其实客体文化对于品牌的自身文化来说起到的就是这种"图式矫正"的作用。品牌的跨文化传播是一个动态调整的过程，面对不同文化的冲击，品牌只有创造性地坚持原有文化的身份定位，并将客体文化的冲击作为品牌进行文化反思与创新的动力，才能保持一个良好的传播状态。因此，这种形式的文化身份定位对于中国本土品牌来说应该有着广泛的适用性。

2.3.3.2 中国本土品牌文化身份定位的思想根源

中国本土品牌要想创造性地坚持原有文化的身份定位，就必须面对中国文化观念中三个本原性的理论：一是本体论，二是认识论，三是方法论。

本体论是任何理论体系都不可回避的本原性问题。在中国文化观念的本体论中，对"人"的认识具有典型的意义。中国本土品牌文化身份定位的核心思想应该就是建立在这种对于"人"的认知理解基础之上的。

在中国的文化观念中，"人"只有在社会关系中才能体现，他是所有社会关系的总和，如果将这些社会关系都抽空了，"人"也就被蒸发掉了。这种崇尚"关系"的关于"人"的认识，从某种程度上表明在中国文化中不存在西方式的个体灵魂观念，因此也不容易产生明确的"自我"疆界。② 基于这一点，许多西方学者认为中国是一种集体主义的社会结构，"关系"在社会结构中占有重要地位。

在中国儒家哲学中，将"关系"视为人的一种基本属性。《中庸》中提到"仁者，人也"③。而"仁"是"人"字旁一个"二"字，可以这样理解：只有在谈及二人之间的关系时才有可能为"人"和"仁"下一个定义。这类"二人"关系包括：君臣关系、父子关系、夫妇关系、兄弟关系和朋友关系。《朱子语类》认为"人之异于禽兽，是父子有亲，君臣有义，夫妇有别，长幼有序，朋友有信"④。虽然这些对于"人"本体的认识到了现代有了一些变革，但在中国社会深层的结构中，对于这五种基本关系的认识还是没有改变。这些关于"人"的"关系"化描述并不等于说在中国文化观念中就没有了个体，只是这种个体的表现是秘而不宣的，当把"仁"从一种"二人"关系上升为一种普

---

① 参见 E. H. 贡布里希《艺术与错觉——图画再现的心理学研究》，林夕、李本正、范景中译，湖南科学技术出版社 2000 年版，第 107～130 页。
② 参见孙隆基《中国文化的深层结构》，广西师范大学出版社 2004 年版，第 12～13 页。
③ 《中庸》第二十章。
④ 《朱子语类》卷五十七。

遍原则时，它就成为"个体"存在的基础。而当"仁"在社会结构中发挥作用时，就衍生出了"人情"的概念。"人情"概念的出现说明"关系"演化成了人们交往的一种方式，而"人情"也就成为一种互动传播的感情。此时，"关系"已经不仅仅是一种"关系"了，而是一种人际传播感情的方式。

  中国文化观念中对于"人"的这种"关系"属性的认识对品牌文化身份的定位有着积极影响。首先，品牌文化身份的定位一定是建立在对"关系"分析的基础之上的，没有对"关系"的分析就不可能出现所谓"人情互惠"式的传播，在此基础上构建的文化身份也不能起到表达他人期望和自我期望的作用。其次，"关系"在中国文化中是一种重要的社会传播资源，而如何保持良好的关系，最大限度地发挥这一社会资源的作用，将成为衡量品牌文化身份定位是否恰当的标准。再次，中国文化中强调的"关系"也有疏密之分，这就像把一块石头投入水中后所产生的从中心向外扩散的波纹，波纹的中央部分是最密的，而边缘部分则是疏散的。因此，这种关系的差别决定着品牌文化身份定位的形式一定要根据遇到的文化差异度来做动态调整，例如品牌在亚洲文化中所采取的文化身份定位与在欧洲文化中所采取的文化身份定位在本质不变的前提下就需要做一些差异化调整。

  总之，中国文化观念中的本体论对于品牌文化的身份定位，乃至品牌的跨文化传播都有着理念上的指引作用，它体现了中国文化与众不同的地方，是重要的跨文化识别因素。

  一般来说，认识论是一种认识主体对自身认识活动进行反思的理论。在中国文化观念中习惯将认识主体对自己行为的反思与实践统一起来，甚至将认识论和实践看作同一事物的两个方面。由于人对任何事物的认识都不是孤立的，它们总是和个人的生活经历、社会和政治状况有着紧密的联系，因此，这种认识论和实践相结合的思想实质就是一种认识并互动的辩证主义思想。其实我们的认识并非只是与思维活动相联系的构建意义的活动。实践的行为和认识都具有相等的重要性，因为在中国文化观念中行为是取得认识的先决条件，并且认识与行为总是相互支撑、相互决定的。所以说这种具有中国文化特质的认识论是一种结合行为的认识论，这一结论我们在儒家和道家的许多哲学著作中都可以得到印证。例如，在《论语》中谈到"知言"[①]时，强调"知"始终都包含着知者的一分努力，想要获得所谓的真"知"，就应该将自己放在对方的环境中思考并获得互动。这就是品牌跨文化传播中文化认知与分析的方法论基础。

[①] 《论语》卷八。

而就"知言"一词而论,其要义在于应具备与他人交流的能力,以达到和谐共处的目的。于是,知者必须调整自我行为,采用一种合适的方式与他人交流,这样才能保持良好的关系,这也是对品牌跨文化传播实施系统的具体要求。此外,我们知道道家的观点强调获得真知的方法是"无为",其实这也是将"为"和"知"结合起来思考的结果。因此,在中国文化观念中"认识论与实用相统一的原则"[①] 是关于认识论的一个重要观点。毕竟,人类的认识不可避免地会介入一种实用的尺度,因为它是作为人和社会存在的条件,也是生命活动的一部分。

结合实践的认识论对于品牌文化身份的定位有着重要的作用,这主要体现在:首先,品牌文化身份的定位过程不是一个符号筛选和堆砌的过程,用符号学的方法我们可以解构和认识事物,但这还远远不够,只有实践才可能使符号方式的解构具备现实的意义。其次,中国本土品牌的文化身份定位需要放在客体文化中不断检验才可能得出恰当的结论,只有在自我调整中获取与客体文化最佳的对话点,才能真正形成文化的互动,才能实现跨文化的传播。最后,在"认识论与实用相统一的原则"中我们可以看到:作为中国本土品牌的文化身份定位实质上是一种实践性的认知行为,认知的客体不单是客体文化,更重要的还是对自身文化的认知与实践,因为换位思考才能获得对于文化身份的真切认知。

整体来说,将中国文化中朴素的认识论运用于品牌文化身份的定位有着深远的意义,它是真正适合本土品牌的文化认识论,同时也是品牌创造性地坚持原有文化身份的理论依据。

一般来说,我们认为方法是人们认识与处理问题的角度、途径、程序和框架,而方法论就是关于方法的理论。方法论和认识论在中国文化观念中是紧密联系的,具有中国文化特质的方法论从来就是结合认识的方法论。上文提到,在中国文化观念中对于"人"主体的认识是围绕"关系"而展开的,"关系"从某种角度上说就是认识加实践的产物,而平衡这种"关系"的途径就来源于"个体与整体相互决定"的观念。

在中国文化观念中个体达到整体的方式,或者说它决定整体的方式是自我完善。在儒家哲学中十分强调"修己安人""内圣外王"的思想。也就是说,只有成就了个体的道德完善,才可能"齐家、治国、平天下"。梁启超先生评

---

① 成中英:《中国哲学和当代传播学理论》,见史蒂夫·莫腾森编选《跨文化传播学:东方的视角》,关世杰、胡兴译,中国社会科学出版社1999年版,第58页。

价"内圣外王"思想时曾提到,"'内圣外王之道'一语,包举中国学术之全体,其旨归在于内足以资修养而外足以经世"①。虽然我们认为"学术"未必等同于"文化",但它的确能够体现中国文化的精神,而"内圣外王"就是蕴藏于这种精神中最具代表意义的方法体系。其实在中国文化观念中是非常看重个人能力培养的,自我人格的完善是处理好"关系"的基础性问题。对于品牌文化身份的定位,这种"内圣外王"的思想有着相当积极的意义。本土品牌要想跨文化传播就需要在传播能力上自我完善,只有从细节上完善自己,才有可能取得整体能力的提高。现今,全球化和知识经济所带来的是相同的竞争法则、相似的资源配备,在这种情况下,品牌的竞争力是获取市场优势的关键,而品牌竞争力在当前形势下完全来自品牌自身的修炼与完善。

整体达到个体的途径在中国文化观念中是教化。《礼记·学记》中有言:"君子如欲化民成俗,其必由学乎!玉不琢,不成器;人不学,不知道。是故古之王者,建国君民,教学为先。"② 从这段话中我们可以看出教化在事实上包括两个方面的内容:一是"教",二是"化"。所谓"教"是利用特定的教育形式,规范有序地对人们进行教育和训练,而"化"则是凭借或创造特定的文化氛围,来潜移默化地对个体进行熏陶和感染。由此我们可以看出,中国本土品牌的文化身份定位对于品牌组织内部成员来说,就是一种"以文化之"的过程。只有当品牌组织内部有一致的文化价值取向时,才有可能形成一个清晰明确的文化身份定位,才有可能整合品牌现有的资源,为品牌的跨文化传播协调合作。可以这样说:"个体与整体相互决定"的方法论体系为品牌的文化身份定位提供了一个解决问题的基本方向。

综合来看,品牌文化身份的构建其实是一个开放式地连续接近客体文化的过程,其基点就是文化身份的定位。这种定位是植根于文化土壤之中的,与中国传统文化有着不可分割的渊源。

---

① 梁启超:《论语考释·庄子天下篇释义》,转引自汤一介《中国传统文化的特质》,见汤一介编《国故新知:中国传统文化的再诠释(汤用彤先生诞辰百周年纪念论文集)》,北京大学出版社1993年版,第110页。

② 《礼记·学记》。

2.4 文化互动的品牌跨文化传播

2.4.1 品牌跨文化传播的互动系统分析

品牌的跨文化传播是一种以认知为基础的互动性传播。在这个过程中,跨文化传播的互动系统起着活性触媒的作用。我们知道品牌跨文化传播的载体是文化,那么,文化的三个构成单元自然成为互动的单元,它们分别是认知单元、语言单元、非语言单元,它们之间的关联与结构构成了一个互动系统,如图2-14所示。比较起来,语言单元和非语言单元比认知单元显得要表象一些,它们都不同程度地受到认知单元的制约。在通常情况下,最容易形成互动的是语言单元和非语言单元,因为它们从某种程度上说已经是一种既定的符号,有着既定的意义,而品牌要做的只是与它们建立联系,或者是直接引用它们。而认知单元的互动一般只能采取适应的方式,因为其涉及文化的深层次结构,相对要稳定得多。这些互动单元直接决定着品牌跨文化传播的形式,同时也影响着客体文化中的消费者对品牌传播形式的接受程度。

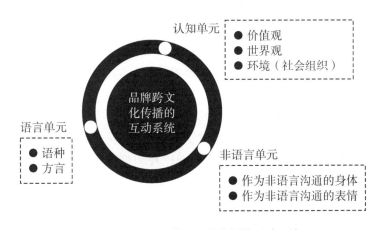

图2-14 品牌跨文化传播的互动系统

2.4.1.1 认知单元

认知是个体对来自外部世界的刺激进行选择、评估和重新构架的过程。这其实是一个逐渐内化的过程,即把外部世界的物质能力转化为有意义的内部经验的过程。认知作为互动性传播的一部分，与传播的主体和客体都有着紧密的联系，无论是传播的主体还是客体都必须通过认知自己和他人来规范自己的传播行为。组成跨文化传播认知单元的要素主要有三个，它们是价值观、世界观和环境（社会组织）。

价值观是文化认知的一个基本要素。我们知道，每一种文化都有属于自己的价值观，这些价值观是一个文化群体持久的信仰。不同的文化群体有着不同的价值观，而价值观也体现了它们特征性的差异。品牌在跨文化传播过程中的价值观一般以三种形式出现：一是作为孕育品牌主体文化的价值观，二是作为客体文化的价值观，三是作为品牌经营者的价值观。这些价值观体现为一定的规范体系，即判断好坏、决定对错、辨别真伪的评判标准。更为重要的是，价值观不仅指导人们的认知方式，也决定着人们传播与交流的行为。因此，价值观的互动是一个求同存异的过程，就品牌的跨文化传播来说，这种价值观的互动还应体现为一种服务意识，即对客体文化的价值观予以充分的认识与尊重，在此基础上才有可能形成良性的互动传播。

世界观是人作为一种存在对于世界基本的看法和观点。从这个角度来看，世界观是有关存在的哲学问题。一般来说，在文化观念中关于世界观的问题总是具有本元性和恒久性特征的，它代表着一个群体文化的根基，涉及生命、自然、宇宙以及关乎人类存在的基本问题。因此，我们通过了解一个文化群体的世界观，就能大致上对该文化群体中人们的思想状态形成一个预期。世界观是决定价值评判体系的观念，例如崇尚转世化身的印度教徒对事物的判断就会有别于基督教徒。世界观在文化观念中的影响是深远的，其作用也十分微妙。图2-15是汰渍洗衣粉在中国的品牌广告，它将中国佛、道两家思想对"净"和"尘"的看法与品牌特性做了一个心照不宣的互动，在跨文化类比中加深了消费者对产品品质的了解。总而言之，对于世界观的理解在品牌的跨文化传播中起到了一个认知工具的作用，同时，它也让我们能够另辟蹊径地展现品牌的内涵。

能够形成跨文化互动的环境因素很多，这里着重谈一下社会组织。社会组织从某种程度上说体现了一种文化的基本结构，而这些社会组织时刻左右着我们认识世界、观察世界的方式，也决定着我们的行为规则。例如，家庭是人类社会中最古老、最基本的社会组织，家庭让我们由生命的机体转化成为社会关系中的人。我们总是在家庭中接受最初的教育，在成长中逐步担负起家庭的责任，并成为社会中的一分子。如果说文化是后天习得的话，那么，像家庭这样的社会组织就是我们习得文化的过程中不折不扣的"教育机构"。一般来说，

图 2-15　汰渍洗衣粉在中国的品牌广告

社会组织总是体现出与所依存的文化相似的结构，人们在其中的关系也是人们在社会中所承载的关系。因此，社会组织为文化分析与研究提供了一个模型。此外，在同一个社会组织中的人的情感是最真挚的，而正是这种真挚的情感体现了文化的独特性，并为情感的互动性传播提供了重要的依托。

2.4.1.2　语言单元

语言是品牌跨文化传播中重要的互动单元，但也是跨文化传播最为明显的障碍。我们知道，语言不仅是保存文化的形式，也是分享文化的途径。从最基本的意义上说，语言是一种规范性的结构，是得到文化群体中普遍认可的符号。它代表着该文化群体中人们的经验，是记录人们活动和文化传播的"档案"。品牌在跨文化传播中对品牌名称的翻译就体现出了不同语言的互动，一个便于理解的品牌译名通常能在较短的时间内获得文化的认同。例如，可口可乐在品牌名称的翻译上就借用了语言单元的互动，虽然翻译的手法仍然采用常规的音译方式，但在控制品牌的中文意义上有了不小的突破：不但兼顾了产品的特征——"可口"，而且还融入了作为客体的中国文化对于幸福的认识——"可乐"。因此，品牌通过语言单元的互动，建立起了品牌与客体文化的联系，为进一步传播奠定了基础。

通过语言的翻译来形成对文化的理解与认同通常是品牌跨文化传播的基本环节。而语言作为一种代表特定文化的符号，其象征作用也不可小觑。不同文化的人使用语言的种类和方式都各有不同，例如，英国人和美国人虽然使用同样的语言，但在使用方式上却有些差异，彼此形成了各具特色的语言文化。因此，充分借助语言这种符号的象征作用能够使品牌译名在跨文化传播中起到很好的识别作用，从而激发人们了解品牌和体验品牌文化的欲望。人们可以通过语言得到一种文化的暗示，以期许进一步的文化交流。从另一个角度来说，语言也规范了品牌在特定文化中的表达方式，对语言的了解将有助于品牌在特定文化环境中采用易于理解的形象语汇来解决传播与沟通的问题。

2.4.1.3 非语言单元

语言是人们交流思想、传播情感最普遍的方式。除语言之外，人们还能用非语言的方式来传递情感。在特定情况下，非语言交流作为跨文化传播的互动单元能起到语言交流所难以达到的效果。在跨文化传播中，非语言单元的交流体现在品牌传播者（代言人）的行为中，而成为品牌的一种象征性的行为符号，它所传达出来的意义往往是微妙的。通过对这些象征性行为符号的识别，我们能够将其与特定的品牌个性联系起来。另外，非语言符号在品牌的传播过程中也能反映出一种文化的神秘感，从而引发人们的兴趣。由于非语言符号在不同文化中的意义有所差别，因此，它在品牌传播过程中往往是最能够展示文化身份、引起人们思索的。人作为非语言单元的主体，其自身的肢体语言起着重要的载体作用，也是重要的艺术表现形式。

作为非语言沟通的身体，其动作有着鲜明的文化意义。例如，在美国文化中，用食指和拇指组成字母"O"的形态，即代表"OK"，表示事情的顺利或者是认可。在当今中国文化中，对于这种肢体语言背后的文化意义是理解认同的。而在日本文化中，同样的手势表示的却是钱；在马耳他和希腊文化中，代表的是侮辱；在巴西，这样的手势甚至代表粗鲁。由于同样的肢体语言所承载的意义在不同文化中可能千差万别，那么，就需要在使用过程中特别注意，以避免歧义的产生。综合来看，我们应在以下两个方面予以充分的注意：一方面要分析同样的肢体语言在不同文化中是否会产生差异性的理解，而对于不同文化中品牌的传播行为应充分地斟酌，尽量避免歧义的产生。另一方面还需要不失时机地将肢体语言作为研究模型，以洞彻文化的深层次结构，拉近品牌与特定文化背景中消费者之间的距离。

一般认为，非语言沟通的表情所传递的意义是具有普遍性的，比如说"微笑"就是一种全世界共通的语言，其中包含的善意、理解和关怀，都能够获得跨文化的认同。麦当劳的"微笑"在很长一段时间中就成为其打开客体文化之门的"钥匙"。如图 2-16 所示，图中人心中幸福的一瞬间都能通过表情得以分享，这种"幸福"便是关于品牌的印象。的确，人们对幸福的认识在不同文化中可能不尽相同,而关于幸福的表情,或者表现方式却十分相似,这似乎已经成了一种文化的共性。图 2-17 是塞浦路斯航空公司的一则品牌广告,同样用了"微笑"作为主题,并且,这样的微笑与旅行中点滴记忆的感动有机地融合在一起,不同画面在空间混合成乘客微笑的神情,这正是塞浦路斯航空公司服务愿景的集中体现。图 2-18 是田七牙膏的一组品牌广告。在中国,"笑"这种表情总是与"露齿"与否紧密联系,于是"笑"与"齿"便自然而然地联系在一起。"笑而露齿"是自信的表现,这种自信就来自对产品的信任。表情反映出人们的情绪和愿望,但在一些情况下,表情也是隐藏人们情绪和愿望最有效的工具。表情作为品牌非语言沟通的互动要素,关键是要传递一种真诚,这样才有利于品牌实现跨文化的认同。当然,特定文化中人们的习惯、所处的场合,以及交流对象的不同在很大程度上决定着表情的呈现方式和对他人表情的反应。因此,品牌的传播者(代言人)需要慎重地根据周围情况或场合用表情来呈现情感,以保持品牌在特定文化中的正面形象。

图 2-16　麦当劳的"微笑"

图 2-17　塞浦路斯航空公司的"微笑"

图 2-18　田七牙膏的"微笑"

2.4.2　互动认知：作为品牌跨文化传播的认识论与方法论

2.4.2.1　与"他者"的互动

希望从外界来观察自身，一直以来是人类的一个梦想。大诗人苏轼就曾经发出过"不识庐山真面目，只缘身在此山中"的感叹，而与之相得益彰的是苏格兰诗人彭斯（Robert Burns）的诗句："啊！我多么希望有什么神明能赐我们一种才能/可使我们能以别人的眼光来审查自我！"由此看来，跳出自我才能充分地认识自我已成为我们认知事物的最重要的方法之一。

说到认知的方法，我们经常谈及的是逻辑学领域的认知。逻辑学认为，一般认识的主体和客体都有着明确的分别，认识的主体世界与客体世界之间的联系是通过分析的方式得以明确的。将客体世界的事物进行"浓缩"（即归纳），并将客观世界的具体事物抽空，用概括的方式形成最简约的、共通的"式"，最后归结为一种形而上的理念，再通过演绎的方式发展成为理念指导下不同形式的个体。而这样一来，一切的客观世界都可以简化成一个可成可败的根本性结构，逻辑学中这种区别主体世界和客体世界并建立联系的方式体现出人们认知世界的一种基本方法，这是规律的，也是必然的。

作为品牌跨文化传播的方法论，互动认知与逻辑学中涉及的认知方法有所不同。它认为主体与客体并不是截然两分的，也就是说主体和客体在认知上是一个相互的过程，主体不但要站在自我的角度来认识自我，还应该跳出自我，从客体的角度来重新认识自我。作为认知的客体在互动中也并非被动的，它决定着认识主体对客体的解释。通过主体与客体的互动认知，两者都会发生变化，并重新构建自身。从这个角度来看，客体不但是认知的对象，而且是作为主体的参照，即"他者"出现在认知的过程中，同时"他者"已经成为主体自身的一种认知条件，影响主体认知的结果，甚至影响主体自身。因此，互动认知与逻辑学中的认知方式比较起来，其根本不同在于它所关注的不是"浓缩"后简化的"式"，也不是由客体升华而来的归纳或演绎，而是具体的、动态的"事"。

从双向诠释的互动认知来看品牌的跨文化传播，我们可以看到互动认知贯穿于品牌跨文化传播的始终，在这个过程中品牌和文化互为载体，通过商贸形式实现文化与品牌的互动，从而形成文化的发展与品牌传播的互赢互利。从另一个角度来看，互动认知通过"他者"的视角进行观察与反思，来深化对于孕育品牌主体文化的认知，以实现文化的繁荣与发展。因此，互动认知给我们提供的是一种动态认知文化的空间。老子在《道德经》中写道："道之为物，惟恍惟惚。惚兮恍兮，其中有象；恍兮惚兮，其中有物。"[①] 这里的"象"和"物"都是非客观的存在，但它们却是预示某种可能性的东西，这种可能性是各种因素的互动，是随主观和客观的动态演化而成的现实，即老子说的"有物浑成"。中国式的思维方式强调"机缘"，在"机缘"中将很多事物结合在了一起，而"机缘"其实就是一种动态的联系，它是动态理解和双向构建的，这就是一个互动认知的过程。品牌的跨文化传播作为一个动态的"事"，其品牌文化、主体文化和客体文化之间不存在截然的主、客体之分，我们可以站在其中任何一点上来审视其余两者的关系，由此来寻求全面的理解。

---

① 老子《道德经》第二十一章。

2.4.2.2 互动性的传播

"互动性"是一个与网络虚拟空间密切相关的词汇,它是英文中"互动作用(interaction)"的衍生词。互动性代表的是一种交互行为,为了促成这种交互行为,双方必须是投入的,这样才能形成有效的双向沟通。互动性传播从内在机制上说是一种实时的"反馈"。"反馈"可以理解为传播者获知其预期接收者是否真正接受了信息的过程。一般来说,人们总是倾向于把传播看成由传者试图有意识地去影响受者的单向过程。这种说法往往忽视了大多数传播过程中内在机制的循环性、协商性和开放性。"反馈"概念的出现对于传播研究来说是具有战略意义的。"反馈"是传播具备互动性的开始,在品牌的跨文化传播中重视文化的"反馈",并将"反馈"作为传播的潜在推动力,这是具有革新意义的。因此,实时"反馈"应该说是互动性传播的本质特征。

互动性传播的第二个特点在上文中曾隐约提到过,那就是它模糊了传者与受者的严格界限。在传统的传播学理论中,传者指的是传播行为的发起人,是借助某种手段或工具、通过发出信息主动作用于他人的人。而在互动性传播中,传者和受者的身份不再明确,传播和接受信息几乎可以同时完成,人们在瞬间就能进行角色的转换。每个人都是传者,每个人又都是受者。互动性给予人们转换角色的自由,受者不再是被动地接受信息,而是主动地掌握和控制信息,并参与到信息的提供和传播中去。从这个角度看,互动性是一种平等的交流,而非一种单向的说服行为,双方在认同的基础上自主地传递和吸取信息,并借此互相影响,寻求发展。此外,在品牌跨文化传播中的互动也意味着消费者可以自主地选择品牌的信息,并且个性化地建立起自己与品牌的关联,这样能让品牌提供更为方便的服务以满足消费者的多样需求。

图 2-19 和图 2-20 分别是雀巢咖啡和立顿红茶在中国的品牌广告,无论是雀巢咖啡还是立顿红茶,对于中国文化而言,它们都是舶来品,在跨文化传播过程中如何与客体文化互动,就需要因地制宜,并体现出与客体文化诚心诚意的互动。在图 2-19 中,雀巢咖啡运用了中国文化中三位代表"精神抖擞"的典型符号形象,暗喻了产品"提神"的功效特性。由"形"到"神",让消费者在解读时形成心照不宣的认同。同样是互动,在图 2-20 中,立顿红茶广告则使用了水墨意蕴,这是由"神"到"形"的情感说服,与前者有异曲同工之妙。品牌与文化的互动主要有两个出发点:一是由"同"出发,二是由"异"出发,不同的出发点产生不同的传播形式,因为它们的基础都是求"和",所以可以互相补充完善。

图 2-19　雀巢咖啡在中国的品牌广告

图 2-20　立顿红茶在中国的品牌广告

所谓由"同"出发,即在互动性传播中,从传者和受者的共同之处出发,进行相互的认识与理解,所形成的传播体系是求"和"的。基本的方式是在双方的特征元素中寻找"最大公约数",也就是能够取得传播认同的最大限度,在此基础上来寻求对话和沟通。而从"同"出发,也意味着需要抛弃双方各自的一些特征来寻求认同,在这种情况下传者和受者都要通过割舍来适应各自的喜好,于是可能出现的弊端就是传播双方文化特征的流失。如何在割舍时保证自己的文化特性将是双方共同面临的挑战,这就需要二者不但从自身的角度来审视自己,还应该从对方的角度来认识自己。就品牌的跨文化传播来说,传者需要有一个激活点,以引起受者对求"同"的兴趣。因此,寻求激活点将是品牌跨文化传播实施中一项十分具体的内容。

一般来说,由"异"出发的互动性传播总是"适应"性的,传者需要调整自己,甚至是改变自己来适应受者。这样一来,虽然在短期内能够体现出一些成效,但从长远来看,其弊端也十分明显。单纯的"适应"是一种被动的传播,从长远来看也并不利于传播双方的协同发展。因此,在由"异"出发的互动性传播中,传者应更加注重对自我的重新发现与认识,这样才能形成能动的"适应"。作为受者来说,传者的差异特征也是影响他们是否接受信息的依据,因此,受者主动性的作用也非常明显。所以说在品牌的跨文化传播中,首先应着手构建文化身份,并差异化地传播自我,这样才能能动地"适应"不同文化的需求。

整体来说,在"和"的基础上寻求"不同"的传播是一种高度体现自主性的传播。它一方面使信息的传者能够方便地得到信息受者的回馈,另一方面也方便了信息的受者个性化地根据自己的需要来选择信息,因此,互动性传播是一种互惠双赢的传播方式。在品牌的跨文化传播中,采用互动传播的方式能够很好地解决文化差异与同一之间的矛盾。而有文化身份定位的互动性传播避免了在传播过程中自我文化特质的流失,从而保证了文化的多样性发展。因此,将互动性传播观念运用到品牌的跨文化传播领域,一方面能够使一直以来关于品牌主体文化与客体文化之间孰轻孰重的难题迎刃而解,另一方面对于中国本土品牌在国际化进程中所面临的文化冲突问题也有着十分积极的影响。

2.4.3 以文化为核心的品牌传播模型

英国传播学家丹尼斯·麦奎尔和瑞典科学家斯文·温德尔在《大众传播模式论》中提到,"传播可以是以下诸种行为中的一种或全部:对别人的行为、与别人之间的相互作用，以及对别人行为的反应"①。我们从中不难发现大多数的传播从整体上看始终都是一个"反馈"参与的互动过程，它不但是循环的，而且还是协商的、开放的。

在很多情况下，传播在社会内部总是体现出一种"黏合力"的作用。它强化了社会中人与人、组织与组织，还有人与组织之间的联系，它始终无法被窥见，也没有永恒的形式，而我们也只能通过一些图式模型来标示那些确实存在但无法看到的联系，因此传播的基本模型就成了我们在研究传播问题时重要的工具，它不但显示了那些不可见的联系，而且显示了这些联系的结构、强度和方向，为我们的研究创造了便利。因此，我们十分有必要引入以文化为核心的品牌传播模型，将那些抽象关联用图像的方式具象化，以期取得客观清晰的认识。

从图2-21中我们可以看到以文化为核心的品牌传播模型有这样三个特征：一是文化贯穿传播过程的始终，二是该传播的目的在于文化的增值发展，三是该模型具备鲜明的互动特质，表现在传者与受者没有明显的界限以及反馈在其中发挥的积极作用上。在模型中品牌的经营者通过文化分析的方式将文化信息内化并转变为关于文化的知识，而这些知识通过种种手段外化后作用于品牌的内容和形式，进而影响文化并受文化观念的制约，由此完成信息的传递和反馈。在这个过程中品牌的经营者似乎是"传者"，品牌的内容和形式是媒介和信息，而文化却成为传播的"受者"。反馈这一传播中的重要环节在该模型中与人的认知紧密地联系在了一起。从模型所体现的关联中我们可以看到认知的扩充直接影响着传播的强弱，也影响着文化的增值。通过这个传播的模型我们可以清楚地了解整个传播的互动过程，它不但体现了文化在该传播中的核心地位，而且体现了传播中所涉及的基本关联的结构以及传播的目的等相关问题。

---

① 丹尼斯·麦奎尔、斯文·温德尔：《大众传播模式论》，祝建华、武伟译，上海译文出版社1997年版，第6页。

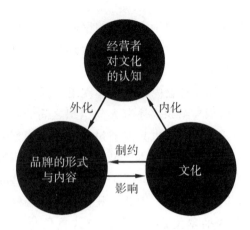

图 2-21　以文化为核心的品牌传播模型

2.5　本章小结

如图 2-22 所示，本章涉及了品牌跨文化传播基本理念的三个重要的问题。

第一个是对于全球化文化的理解。这是品牌跨文化传播的认识论问题，"和而不同"是对这个问题的基本态度。文化的差异与同一是当今客观存在的两种文化态势，它们是文化秩序中的和谐与冲突，它们互相依存，具有真实的美学意义。作为跨文化传播的品牌如何辩证地面对这两种态势，并且有效地凭借文化的差异与同一来实现跨文化的传播是一个认识与指导实践的过程。

本章涉及的第二个重要问题是对于品牌文化身份的理解。这是属于世界观范畴的问题，也是中国本土品牌文化归属性的问题。中国文化观念中的本体论、认识论和方法论为品牌的文化身份定位提供了根基和土壤。文化身份的构筑是一个动态、开放、发展的过程，它包括对品牌自身文化的重新发现，同时也包括对于主体文化和客体文化的尊重理解。文化身份定位是品牌跨文化传播的基点，它决定着品牌以何种方式来面对文化差异与同一带来的冲击，以及以何种方式来与客体文化进行沟通的系列问题。

对于文化互动传播的理解是本章涉及的第三个重要问题，这是品牌跨文化传播的方法论。我们可以把文化解构为认知单元、语言单元和非语言单元，而通过这三个单元的互动就能形成文化间的互动。文化互动从某种角度来说是对传播途径的认识，而传播途径总是体现为各种抽象的关联，本章提出了以文化为核心的品牌传播模型。通过这个模型使那些抽象的关联直观地展现在我们面前,为进一步的认知、分析以及交流创造了便利。

整体来说,这三个重要问题相互联系、互相支撑,形成了品牌跨文化传播的基本理念构架的内涵,而下文对消费文化、文化战略视角的论述则构成了该理念构架的外延。

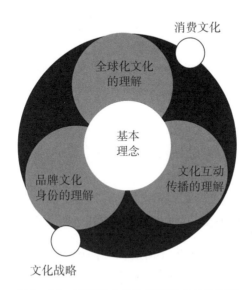

图 2-22　品牌跨文化传播的基本理念构架

第3章
从消费文化看品牌的跨文化传播

3.1 消费文化与品牌

3.1.1 "福特主义"与"后福特主义"

社会学家让·波德里亚在《消费社会》中提到:"在以往的所有文明中,能够在一代一代人之后存在下来的是物,是经久不衰的工具或建筑物,而今天,看到物的产生、完善与消亡的却是我们自己。"[①] 与之相得益彰的是《物体系》中这段论述:"在都市文明里,一代一代的产品,机器或是新奇无用的玩意儿,层层袭来,前赴后继,相互取代的节奏不断加快;相形之下,人反而变成了一个特别稳定的种属。"[②] 细细品味,这两段话似乎有着微妙的承接关系。前者用了"人围物"和"物围人"的类比,说明了物的丰富是消费社会的一个显著特征,而后者将物的丰富所带来消费意义的空虚进行了观点独到的批判,并揭示了消费社会中人的属性的重要。这两段话暗示着一个十分有趣的现象,即消费社会正经历着由"拜物"到"拜人"的悄然转变。人性的回归的确是当下消费社会的一个显著特征。与物的多变相比,人的基本属性是相对稳定的,体现在不同文化中的人都有着相通的基本情感。例如,上文提到的,对于母亲的情感虽然有着不同的表达方式,但其根源相同。这种源于人性的基本情感无疑是跨文化传播中的重要介质。我们说人性的稳定是一种多样化的稳定,不同文化中

---

① 让·波德里亚:《消费社会》,刘成富、全志钢译,南京大学出版社2004年版,第2页。

② 尚·布希亚:《物体系》,林志明译,上海人民出版社2001年版,第1页。

的人在多样化的表象中都有恒定的情感,对于母亲的眷念如此,对于生命的崇敬也是如此。这些恒定的情感来自人性的最深处,是不可隔断的跨越文化屏障的桥梁。

"福特主义"与"后福特主义"是关于消费社会进程与特征的一个经典例子:我们知道在福特T型车的时代,批量化生产在经济生活中占主导地位,市场竞争的参与者少,目标市场也没有什么太大的区别。商品的相对稀缺,使得人们无暇顾及商品的样式,于是,这个时期的消费相对单一而规范。而到了后福特T型车时代,市场竞争的参与者逐渐增多,市场细分的差异也日趋明显,商品种类以及款式较以往都有了较大的改进,于是消费者的选择余地扩大了,继而出现了个性化和多样性的消费文化。"福特主义"与"后福特主义"是消费由"拜物"到"拜人"趋势的重要例证,值得注意的是:"拜人"的结果必然会引起对于文化的聚焦,因为人是文化的主体也是文化的客体。

图3-1是1915年生产的福特T型车,也是历史上的第一辆汽车。它让人们的出行方式发生了质的变化,但是它的样式仅为功能服务,在设计上专注解决的也只是汽车作为"物"的功能问题,但是随着"物"的不断丰富,人对于"物"的需求开始泛出功能的范畴,样式成为一种隐性的"消费热点"。样式不单是美学问题,更是一个社会价值问题。生态理念便是样式社会意义的一种显性表征。图3-2是福特2000年后的生态理念品牌广告,在视觉上体现了福特品牌所推崇的生态理念——人与自然世界和谐共存,合理利用自然资源,并实

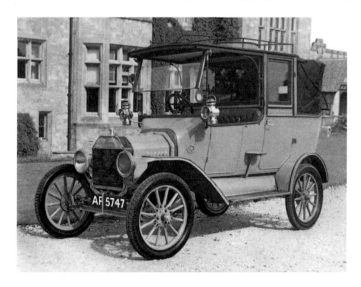

图3-1 1915年生产的福特T型车

图3-2　福特车的生态理念

时回馈自然的给予。在广告中，车窗里孩童的手势与车窗外景物在互动中阐述纯真的人与自然的关联，而品牌的生态理念也被娓娓道出。图3-3是一组体现丰田品牌"自然观"的广告，这种以人为主体的"自然观"即一种在自然环境中的"强者意识"，它体现了人追求自我极限的热忱与信心。这种积极进取的态度，正是品牌（产品）所追求的性能极限。同样是对"强者意识"的阐述，图3-4描述了一种混合型的"食物链"关系，将凶猛动物的兽性与产品的性能做了形象的类比，阐释了"适者生存"理念。"强者意识"成为一种消费选择的理由，于是，产品不再是功能的承载物，而成了自我价值实现的辅助。的确，在物品相对稀缺的时代，我们崇拜物品的使用价值，这就是"福特主义"的内涵实质。当物品极大丰富之后，对于物品使用价值的消费逐渐无法满足人们的需求。人们渴求使用价值之外的东西，他们需要更多意义的消费来获得自我价值的认可，于是，"后福特主义"成为一种消费的意识现象。这种基于人与人之间关系的意义消费，在当今品牌意识的建构中发挥着越来越重要的作用。

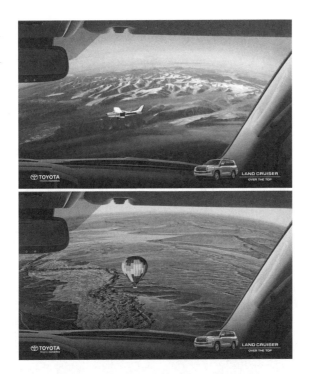

图3-3 丰田车的"自然观"品牌广告

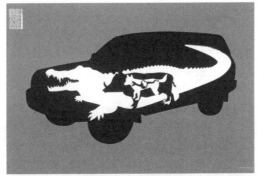

图3-4 丰田车的"适者生存"品牌广告

在消费社会中，品牌精髓往往来源于人们对意义消费的追求。品牌是市场竞争的产物，但更重要的是它是意义消费的产物。例如，品牌所提供的服务就是意义消费的重要部分，因为服务的本身并非物化的。因此，"后福特主义"不仅意味着物的极大丰富，还意味着一切都是服务，这再一次地回应了社会发展、人性回归的大趋势。图3-5是IOLI矿泉水的系列品牌广告，流动的矿泉水被封装进了带有通感意指的符号形态中，以此来暗示在饮用产品时清爽宜人的感觉。"天然"是意义消费时代流行的话题，正是如此，农夫山泉将自己定位为"大自然的搬运工"，这种生态意义的品牌观念在它的品牌包装上也能够窥见一斑。如图3-6所示，农夫山泉在包装中使用了代表纯净水源地的动植物形象，意在唤起人们对于自然的情感与信赖，并以意义消费为切入点，在人性的基础层面获得相应的认同。

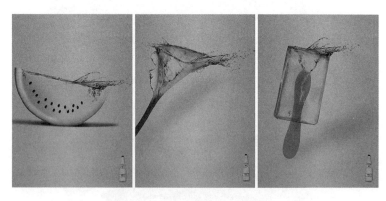

图3-5　IOLI矿泉水的品牌广告

图3-6　农夫山泉的品牌包装设计

值得注意的是，"福特主义"的品牌只是一个代表产品的记号，就像地图上的标记那样，我们的确能够很快地找到它所对应的位置，但是，品牌的这种标记功能顶多只能算是其最原始的功能。与之相比较，"后福特主义"的品牌有了更为丰富的含义。首先，在功能上，它有了一个"情感动员"的潜在作用，并且在品牌的传播过程中这种作用会逐渐变得明显，以致使人们形成情感上的依赖。当人们面对众多的可选择品牌时，这种情感上的依赖就直接影响人们的选择与判断。其次，在形式上，"后福特主义"时期的品牌在保证其功能性质稳定的基础上会更加注重形式上的审美情趣，它借助形式来界定自己并与同类区别开来，我们甚至完全可以通过美学形式来体验品牌，说明此时的品牌识别体系已经进入一个崭新的阶段。最后，"后福特主义"时期的品牌是一个综合性的概念，尤其是在价值体系上发生了一些质的变化。品牌成为消费者对于意义消费的符号。这就意味着品牌的符号价值成为商品交换价值的替代品，与使用价值一起构成了品牌新的消费价值体系。因此，"后福特主义"赋予品牌的是一种消费层面的文化属性，此时的品牌由一种单纯的经济事物演变成文化与经济的混合体。

我们可以把"福特主义"与"后福特主义"的交替看成现代品牌概念丰富成型的"临界点"。我们知道品牌受到关注，其本质原因在于消费品的极大丰富而由此带来商品质量的不均衡，而品牌无疑是对抗这种"副作用"的一剂"良药"。在"福特主义"与"后福特主义"的更替中，品牌由商家与顾客之间简单的信任关系逐渐演化成了品牌与消费者之间新型的契约关系。需要说明的是，这种新型的契约关系并不像人与人之间的信任关系那样单靠信仰就能实现，它需要品牌付出更多的努力来保证其履行。尤其是在不同信仰和文化中传播时，更是如此。

3.1.2 从消费视角看品牌的文化属性

3.1.2.1 理解消费的文化

消费的意义在不同的学科中有着不同的理解。例如，在经济学中，消费的过程往往就是消费者追求个人效用最大化的过程，而在社会学中消费则是消费者进行"意义"建构、趣味区分、文化分类和社会关系再生产的过程。从行为主义的角度来看，消费是一种行为；而从交流与符号的角度来看，消费就是一种文化；从设计艺术学的角度来看消费，它是一种使用或传播的过程。寻求消费价值的最大化也是长久以来设计的目标。综合来看，消费就是一种与文化密切相关的行为。消费与文化的联系并不仅仅停留在它们相互影响、依赖、驱动、制约的层面上，更重要的是消费和消费品都是表达意义的符号和象征体系。从这一点来看，显然消费与文化有着本质的关联。于是我们可以如此描述消费文化：它伴随消费活动而来，表达某种意义和承载价值的符号体系，体现了一定消费群体在消费过程中行为与价值观念的一致性，是消费中物质与精神的集合。图3-7所示的是大众轿跑的系列广告，广告中展现了不同地区的人对于恶劣生存环境的"适应"。这种充满激情的"适应"迎合了潜在消费者的价值观念与梦想意愿，于是广告的象征体系与消费文化重合，并符号化了这种消费文化的社会意义。其实文化中那些影响人类消费行为的部分，或是文化在消费领域中具体的存在形式，都可以称之为消费文化。消费文化会产生品牌的选择行为，

图3-7　大众汽车的品牌广告——"适应"

而人们在这种选择实践中也会产生新的消费文化,为文化系统注入新生的力量,因此消费文化应是一个不断发展着的体系,需要对其予以导正,即批判意义空虚的消费,鼓励可持续性的消费。

值得注意的是,消费文化并不等于消费主义。我们可以说消费主义是一种消费文化,却不能说消费文化就是消费主义。由于消费主义所倡导的是不断追求难以满足的"欲望",而不是"需求",因此,它代表的是一种意义空虚状态下对于消费激情的盲目追逐,所以,消费主义在品牌跨文化传播研究中是受到贬责的。因为它藐视责任,所形成的也是对于眼前利润偏执追求的病态心理。与消费主义相比,消费文化则是一种认识的符号体系,对它的解构将有助于形成良性的品牌传播系统,有助于矫正长久以来对品牌认知的"金钱视角",也有助于让我们透过纷繁的市场现象洞察到品牌的实质。

3.1.2.2 理解品牌的文化属性

如今消费者总是根据与自身密切相关的感觉来选择品牌,因此,分析消费文化将有助于品牌对其形象的塑造。图3-8(a)和图3-8(b)所示的是Bueno快餐店在品牌形象"改版"前后的差异。这家快餐店的决策者洞察到了消费文化的走向,决定将品牌形象彻底"翻新"。当他们把消费群体定位为年轻人后,以该部分人群的消费文化为依据,就产生了一系列"时尚"的视觉设计。这些让人耳目一新的视觉形象,让快餐店的营业额节节攀升。其实,品牌如同一种情感表达的徽章,人们通过这样的徽章来寻求身份的认同,那些流行体系中的品牌更是如此。它们通过或简单,或复杂,或微妙的情感来跨越文化的围栏,给予人们情感上的满足,并超越理性地唤起人们的忠诚。因此,对于

图3-8(a)　Bueno快餐店品牌"改版"前

图 3-8（b）　Bueno 快餐店品牌"改版"后

某些品牌来说，物质的东西并非我们唯一追逐的对象，而那些具有象征性的意义往往成为我们视野的新焦点。这似乎是不可思议的，但确实已经成为一种现实。人们在消费文化，而品牌必须成为文化才能跨文化而生存，在这里，品牌所体现的契约关系的经济部分似乎是弱化了的，而文化则成为品牌传播的灵魂。

　　消费通常既是一个经济过程，同时也是一个文化过程。消费视野中品牌的文化属性就源于"拜人"的消费思想。品牌的文化属性体现了文化与普通人性之间的关联，是一种结合物质与精神的需求反映。我们知道文化一方面体现为物质的，而另一方面又体现为精神的，品牌作为一种文化事物从一开始就具备了物质与精神的双重意义。当我们谈到需求时总将其与物联系起来，其实需求所瞄准的并不是物而是价值，因为物对需求的满足首先必须具有价值的意义。因此，品牌的价值在于它不仅能满足人们对于物的需求，更重要的是它为人们提供了意义消费的可能。这种意义包含了物的性质特点，更包含了主导物性质的文化要素。因此，品牌的消费不但是一种经济的行为，而且是一种文化的实践行为。在消费社会中,一方面品牌是商人争夺市场份额的工具,而另一方面品牌更像是一个分色的棱镜,折射出消费群体的百态以及蕴藏在繁杂世态背后根脉相连的文化根源。

  消费本质上就是一种文化,而品牌的文化属性在消费中才能得到放大。这体现在以下五个方面:第一,品牌从其对应的物质形态到精神实质都是由孕育品牌的社会文化所决定的,自然品牌的消费也体现着一个群体或一个区域独特的文化,并且这种品牌消费的具体内容也会随着文化的互动而相互借鉴和渗透。例如,黄振龙凉茶作为一个品牌就生动地反映了百年来南粤地区饮凉茶的文化习俗。而如今出现的易拉罐凉茶不能不说是受了西方"快餐文化"的影响,文化发生了所谓的"变异",但这种"变异"从根本上说还是方便了消费者,毕竟在工作繁忙的今天,没有人会愿意面对那些繁缛的凉茶煲煮工序。第二,品牌的消费总是天然地与各种文化习俗联系在一起。就像过年吃年糕那样,品牌的消费与文化的习俗有着不可分割的关联。而反过来,正是品牌所具备的品质与历史文化内涵能够最有效地满足人们对于文化体验的需求。第三,即使是同一类别的商品,由于品牌的不同也会出现不同程度的差别。因此,选择就成为消费"仪式"的"前奏",而恰恰是对品牌物质和精神层面的选择体现了人们的消费观念,它与人们的思想、情感、价值观,甚至人生哲学都有着密切的联系。图3-9是一则体现婚姻观念的大众品牌广告,其中包含了在"承诺"和"忠诚"两个层面对于婚姻的理解,而这一理解也代表了大众品牌精髓中所蕴涵的意义。消费观念与文化观念有着密不可分的关联,正因如此,群体化的消费观念才能以一种文化的形态出现,并体现出一定的号召力。一般来说,人们接受品牌的方式总是在自身文化的基础之上,品牌所体现的文化与它的消费者总有着相同的价值观和情感表达方式,这使得消费观念成为品牌文化属性的真实流露。图3-10是绝对伏特加果味酒的系列品牌广告,这款产品主要针对女性市场。为了与特定人群的特定消费观念形成对话,广告在表现形式上采用了细腻而感性的视觉语言,由此来与特定消费者进行情感沟通。的确,随着全球一体化进程的加快,消费观念的趋同已经成为不争的事实。在同性别或同年龄段的群体中,很多消费观念都具有相似性或一致性,即使这些消费者来自不同的国家和地区。第四,品牌的塑造有物质的部分,但同样也有文化的部分。一方面,品牌是文化传播的载体,品牌的传播也承载着丰厚的文化"意象",作为文化标识的品牌能向人们传递文化的信息,并成为人们认知和理解文化的窗口。另一方面,文化又是品牌传播的载体,因为品牌的传播总是按照文化符码的形式来编排传递,因此,特征性的文化符码对于品牌传播来说有着极其深远的意义。第五，品牌的消费还是一种系统化的符号操作行为，人们通过对品牌的意义消费来展现自我的生存状态与生活价值，并由此形成自我创造的个性化符号体系，而当符号体系中人的行为，如价值观、情感、思想有了共同的心理程序（mental programming）①时，便又形成了一种文化（或亚文化），由此可见品牌文化属性的创造力。

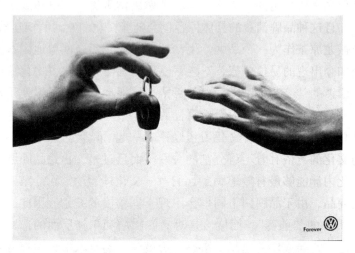

图3-9　大众汽车的品牌广告——"婚姻"

以上五个方面真实而具体地展现了品牌在消费视野中的文化属性。品牌是特定文化的产物，其本身就具有鲜明的文化特质。确切地说，品牌能真实地再现特定文化环境中人们的思想、情感以及价值观等诸多方面的追求，同时也浓缩了它们对于文化传统的认识。因此，品牌并非一种纯经济的事物，也具有深刻的文化意义。

品牌是为人们提供物品和服务的形态，而人们对物品和服务的需求都与人们的精神相关，从这个意义上说，人们总是通过物质来体现对精神文化的需求，这从根本上影响甚至是决定了品牌的传播。以文化产业视角来看，我国经济和社会生活领域已经出现了三个根本性的变化，其中一个首要变化就是：长期以来困扰我们的物质产品的"短缺"，正向服务类产品，特别是精神文化的消费服务类产品的"短缺"转移。这一变化无疑预示着中国文化消费时代的来临，中国本土品牌如何把握住这个时代的发展契机，从消费层面认识品牌的文化属

---

① 参见史蒂夫·莫滕森编选《跨文化传播学：东方的视角》，关世杰、胡兴译，中国社会科学出版社1999年版，第2页。

图 3-10　绝对伏特加果味酒的品牌广告

性是重中之重。品牌传播从某种意义上来说就是品牌文化的传播，品牌创造文化，又被文化所创造，它是文化的主体，同时也是文化的客体，文化属性将始终伴随着品牌的传播，对于中国的本土品牌来说如此，而对于跨文化传播的品牌来说就更是如此。

3.1.3　消费文化与品牌的关联

品牌由文化产生，同时也孕育着新的文化形式。品牌的文化属性决定着品牌始终会伴随消费文化而滋长。从消费社会不同时期的品牌所传达出来的意义中我们会发现品牌与消费文化之间存在着唇齿关系，消费文化形式决定着品牌的传播，而品牌的传播又衍生了新的消费文化形式。

我们可以将消费文化进行一个平行结构分层，以对其进行解析。具体来说，消费文化可以分为三个层面，即物质层、观念层、制度层。物质层是消费文化中物质形态的承载者，包括物和与其相关的劳务，其中有物质的部分也有精神的部分。物质层是消费文化中的显性部分,这些显性部分的个体均以符号的形式存在着,并组成一个庞大的消费符号体系。在物质层下是观念层,这是形成符号的内在因素。观念层决定着物质层的基本形态,它通过历史的和现行的价值评判标准对物质层中的个体进行取舍与规范,这是一个有趣的自然调节的过程,通过对观念层的洞察,我们可以了解消费文化的动向、趋势。观念层与物质层之间是制度层。制度层起到的是一种连接的作用,它包括政治的和经济的制度。制度层体现了观念层的群体意志,并以法则的形式把观念层对物质层的规范固定下来,形成群体或国家的意志。因此,制度层是消费文化中起稳定作用的因素。

当把品牌作为一种文化事物进行理解时,我们发现其结构与消费文化的三个层次似乎都可以逐一对应,在品牌的物质层中我们发现品牌是一种具有物质和精神双重意义的消费品,它具有符号价值与使用价值,是符号的集合,同时又是产生新符号体系的母体。例如,构成品牌文化载体部分的形象就是存在于物质层面中的,它是设计符号的组合,同时也构筑着品牌的"意象"文化。在品牌的观念层面,消费群体的价值评判标准、思想以及情感决定着品牌的精髓,而品牌的精髓决定着品牌以一种什么样的方式出现在消费者面前,同时也决定着品牌消费的意义。在品牌的制度层面强调品牌的管理与传播必须要遵循一定经济规律和制度规范,于是体现在品牌经营上有一系列的管理机制对其进行规范,以确保品牌精髓得以贯彻。

比较消费文化和品牌的分层结构,我们会发现品牌的结构似乎就是一种缩小的消费文化,如图3-11所示的是二者结构关系,其中每一部分都能在消费文化的相关层面中找到相对应的形态,因此,我们可以这样认为:品牌实质上就是消费文化的缩影,它是一种驻留在消费者心中的"印象",而并非一个简单意义上的识别"商标"。其身后有着丰富的消费文化内涵,就像福特T型车能够成为消费社会时代变迁的旗帜那样,品牌其实就是一个活生生的消费文化模型。

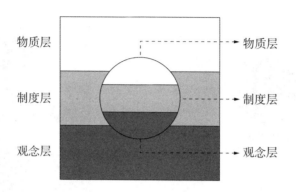

图3-11 消费文化与品牌的结构关系（圆形部分：品牌；方形部分：消费文化）

3.2 消费的风格化与品牌的跨文化传播

当代的消费实质上是一种意义的消费，也就是说它是一种文化的渗透。可以这样说，文化消费是消费社会的一个明显特征。我们知道消费者都有着各自不同的消费态度，人们在消费中同时存在着对社会差别和身份认定的追求，这体现在人们一方面意识或潜意识地将自己归于一个社会群体，而另一方面却又希望将自己与他们区别开来，通过消费"新"东西来凸显自我个性。这是一种在现今较为普遍的"时尚"消费心态，而正是这种消费心态造就了消费风格化的趋势。"时尚"是一种全球性的文化，其"跨文化"特性不言而喻。图3-12是SONY头戴式耳机品牌广告，体现了不同种族的人们对于发型时尚的态度，发型的风格化也暗示着人们消费观念的风格化。但是，不管发型如何离奇个性，SONY的头戴式耳机总能在不破坏发型的情况下让你享受到音乐的快感。在图3-13中，广告人物所佩戴的是不同民族的帽子，SONY作为跨文化品牌所特有的文化包容性，溢于言表。从这两组SONY的品牌广告中不难发现，风格化无疑体现了人们在消费过程中对于艺术与文化的双重追求，这些追求可以跨越文化藩篱，形成文化身份的认同。

消费的风格化有艺术和文化双层意义，其中，艺术层面的风格化强调的是个性，它的功能在于区别；而文化层面的风格化强调的是群体的特征，它的功能在于体现归属。二者互相呼应，相得益彰。

图 3-12　SONY 头戴式耳机——"发型"

图 3-13　SONY 头戴式耳机——"帽子"

消费的风格化形成了一个社会区别和识别的机制，其最基本的特征就是美学商品在流通过程中日渐明显的作用，主要体现在：一方面，生产者试图将意义商品化，也就是说他们想把概念和符号变成可以买卖的东西，使得品牌能够成为这些具有区别和识别功能的概念或符号的传播载体；另一方面，消费者试图赋予买来的商品和服务以个性化的含义，尤其是在品牌的消费方式上，这种个性化的行为体现了归属和区别的双重意义，于是品牌的消费开始以美学的方式彻底风格化，并成为品牌文化的重要组成部分。

我们说品牌是现代消费社会的特征性元素，它是一个整合性的价值体系，符号价值是它基本的构成单元，也是品牌社会生命延续的支点。由此看来，品牌消费的风格化不仅是艺术范畴的，也是文化范畴的。值得注意的是，风格化的品牌消费预示着品牌价值消费重心的转移，即品牌消费由以前单纯消费品牌的使用价值转移到了使用价值与符号价值并重的消费。出现这种现象的原因有两个：一是科技发展所带来的使用价值同质化趋势日渐明显，而品牌的符号价值越来越受到消费者的青睐；二是文化方式消费成为人们日常创造性活动的重要形式，也就是说，人们在消费文化的同时，也在创造新的符号价值和新的文化。他们使用符号的区别功能，在一个整体上似乎是异质的空间中，开辟出了一个清晰的同质化领地。于是，创造符号已不再是设计师的特权，消费者也拥有这样的权利与自由。风格化的消费使设计师不仅要创造符号，还要满足人们对符号价值创造性的消费需求，于是 DIY 成了代表风格化的时髦语汇。风格化的品牌消费对于设计的另一个影响在于它使设计由以前单纯地关注造物的活动，转移到了更为宽广的空间。此时，消费作为一场"仪式"，其过程也理所当然地归属于设计的对象范畴当中。在消费过程中的感官体验、自我的表现，以及享受服务的过程等都是设计中应该考虑的部分。将设计的视野扩展到这些部分能够在消费者和设计师之间建立起一个体验型的双向价值体系，这个体系源于消费的风格化，服务于设计与消费的双方，具有现实而积极的意义。

3.2.1　从"艺术－文化"系统看品牌的生存与价值实现

3.2.1.1　关于"艺术－文化"系统

"艺术文化化"与"文化艺术化"是当今一个普遍的现象。这种现象产生的原因十分复杂，而消费的风格化就是其中一个重要的原因。艺术与文化是风格化的两个重要因素，因此，十分有必要将它们纳入品牌跨文化传播的研究范畴。在消费社会中，艺术和文化都成为消费品，并形成了一套完整的价值实现体系。作为消费社会中的品牌，如果它有艺术的特征，更有文化的特征，那么，它就能够通过"艺术－文化"系统来实现其价值的转换。品牌作为一种文化事物，具有美学价值。詹姆斯·克里福德（James Clifford）曾用"艺术－文化"系统来表述那些具有美学价值事物的传播，如图 3－14 所示。他认为凭借这一系统，人们创造了一个美学价值的世界。[①] 客观地说，在消费社会中"艺术－文化"系统为消费者提供了一个风格化的品牌传播和识别环境，在其中品牌作为消费文化的客体不仅与社会结构有关，还与符号和文化价值有关，尤其是和

[①] 参见西莉亚·卢瑞《消费文化》，张萍译，南京大学出版社 2003 年版，第 47 页。

艺术的真实性有关。这里提及的真实性与现实生活有着密切的联系，而真实性在通常情况下也是人们判定艺术与生活关联的评判标准。

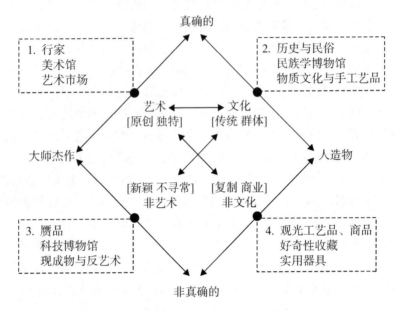

图3-14　克里福德的"艺术-文化"系统①

克里福德用了一个图示来说明"艺术-文化"系统的运作，从图3-14中我们不难发现他对人类学原则所流露出来的浓厚兴趣，这也代表着他对价值，尤其是艺术品价值在传播中的意义十分敏感。图3-14中标示了具有艺术和文化双重意义的物是如何在克里德福所创造的这个"环境"中流动并确立其价值的。从他的"艺术-文化"系统中我们可以看到在艺术和文化两个意义的范畴中，物常常是可以流动的，比如非洲部落的民族"文化"就可以作为艺术品展示在纽约大都会博物馆中。从上文的论述中我们知道，品牌在消费社会中往往以文化的姿态出现，那么，根据克里福德的"艺术-文化"系统，它完全有可能作为艺术品在博物馆中收藏，这样的例子俯拾皆是，比如中国国家博物馆就曾经展览过法国品牌香奈尔各个时期的产品、宣传海报等物品。品牌作为一种"特殊"的物品在"艺术-文化"系统中以它自己的方式流动着。如图3-15所示，"艺术-文化"系统中的品牌以"现实生活之中的"和"现实生活之外的"两种形态出现，"现实生活之中的品牌"是真实的，主要表现为具有普遍

---

① 该图摘自尚·布希亚《物体系》，林志明译，上海人民出版社2001年版，第264页。

意义的消费品。而"现实生活之外的品牌"是非真实的，它是一种艺术品或文化的标识。

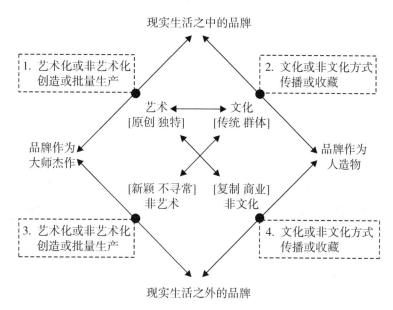

图 3-15 "艺术-文化"系统中的品牌

"现实生活之中的品牌"通过两种途径转变为"现实生活之外的品牌"，实现其价值的升华。一是作为大师的杰作，即那些具有原创性和独特气质的品牌设计作品，在这个路径中品牌以艺术的姿态高于生活，成为存在于现实生活之外的艺术事物，在这个过程中"创造"起着重要作用。二是作为一种代表文化的"人造物"，以某段历史传统或某个群体的名义存在于现实生活之外，例如上文提到的香奈尔品牌在各个时期的产品、宣传海报等等，这个过程主要通过"收藏"来实现。与之相对应，"现实生活之外的品牌"同样也通过两种途径回归现实，以实现其价值的普遍化。一是通过非艺术的手段（如批量生产），将艺术的"概念"转化成现实生活当中的消费品，例如一些概念设计往往通过技术的手段成型，并借助传播策略逐渐进入现实生活。如图 3-16 所示的 1998—2019 年苹果 iMac 电脑进化历程就是一个典型的例子。1998 年第一代的 iMac 以"糖果"为外形的设计概念问世，这一波普艺术风格的经典代表，其通身采用透明的彩色亚克力外壳，外观上与那个时代的个人电脑相比，可谓独树一帜。随着 iMac 逐渐融入现实生活，以用户需求为依据的迭代设计开始使 iMac 的造型由艺术逐渐走向生活化，于是出现了之后的"台灯"iMac，这种"台灯"造型的 iMac 由于具有像台灯一样的摇臂，使得桌面使用更为灵活。当图像消费成为消费社会的热点时，用拍照的方式记录生活成为人们的一种日常行为，于是在如此消费潮流的感召下，"相框"造型的 iMac 也应运而生。正如所知，"现实生活之外的品牌"回归现实生活的第二条途径是借助传播的方式使作为文化标识的品牌的内涵被群体所认同和接受，并适时适地地"大众化"，成为大众消费品。因此，"艺术－文化"系统中的品牌价值在两种形态周而复始的转化中不断增值，是横向的，也是纵向的；是内部的，也是外部的。

图 3-16　1998—2019 年 iMac 的形态进化

品牌在"艺术－文化"系统中的价值实现不但涉及艺术和文化的众多领域，而且与经营、传播领域也息息相关。虽然从"艺术－文化"系统看品牌是一种文化的视角，却直接影响着品牌的管理与传播，如图 3-15 的左半部就可以视为品牌的生产开发过程，是品牌内部价值实现的途径。而右半部则是品牌以文化标识的方式传播的过程，是品牌外部价值实现的途径。因此，品牌在"艺术－文化"系统的两种形态能扩充品牌经营的战略视野，丰富品牌的生态价值链。由于它引发了品牌研究对艺术、美学、符号等方面的关注，这不但是对以往市场角度的品牌研究的有益补充，而且对形成品牌跨文化传播的实施系统也有着积极的指导作用。

3.2.1.2　品牌的艺术特性

从品牌在"艺术－文化"系统中的流动机制来看，品牌不但是文化的事物，而且具备让人瞩目的艺术特性。品牌的艺术特性主要体现在这样两个方面：其一，从品牌的传播来看，它直接运用艺术的形式和表现语言作为传播的手段，并体现出与消费文化合拍的风格化特征。其二，从品牌的经营来看，它又是一门自成体系的经营艺术，体现经营者独特的领导魅力。

具体来说，品牌在传播过程中涉及众多艺术学科，如视觉艺术，其包括平面设计、产品设计、广告设计等等。这些视觉艺术形式为品牌提供了个性鲜明的视觉符号体系，为品牌的传播奠定了形象语言基础。此外，还有语言艺术，为品牌传播提供了口头形式与文字形式的表现语言，涉及品牌的各个环节，在传播中起到了描述的作用。除了视觉艺术与语言艺术之外，还有像影视艺术等综合感官艺术也为品牌营造全方位的传播与体验环境发挥着重要作用。从品牌经营的角度来看，从品牌传播理念到品牌整体设计，从行为规范到组织管理，从短期的传播计划到长期的战略部署，都与艺术息息相关，涉及沟通的艺术、行为的艺术、领导的艺术等领域。

3.2.1.3 崇尚美学的品牌消费

消费的风格化说明美学标准成为一种衡量社会化生产的重要标准。其实从品牌的自身来说它并不能为消费者带来价值，只有当消费者的需求得到满足后才有可能产生价值。而对美学价值的渴望是品牌消费趋于风格化的根本原因之一，在功能日趋同质化的今天，美学因素所造就的差异也成为我们在品牌与品牌间作出选择的重要参考因素，它是品牌不可忽视的价值源泉。

说到品牌的美学，不得不提及无印良品这个品牌。无印良品是在日本诞生的一个家居用品品牌。作为一个概念性的品牌，无印良品崇尚极简主义的美学规范，而这种审美意识不仅反映在它的视觉形象上，而且在品牌活动的方方面面均有体现。具体来说，无印良品在简化商品造型的同时，也进一步简化了生产过程，制造出一批造型简洁、朴素且价格适中的商品。此外，无印良品也十分注重呈现商品本身的质地。在包装上力求简单朴素，使用环保的无漂白纸张做商品包装袋。在这种美学规范的指引下，无印良品的商品给人们一种新鲜而纯粹的感受。其实，无印良品的审美意识具有深刻的日本文化特性，我们可以试想一下，如果无印良品在德国诞生，或者说是在意大利诞生，会产生什么样的商品或店铺呢？如果无印良品的诞生地是在生活审美意识逐渐成熟的中国，结果又会怎样呢？无印良品的例子告诉我们，所谓品牌并不是凭空出现的，而是当地的文化和消费欲望的综合体现。与其他商业品牌不同的是，无印良品并不主张突出个性或刻意追求特定的美学风格，它想做的只是带给消费者一种"这样就好"的满足感。我们可以用"虚无"来概括无印良品的品牌概念，从图3-17所示的无印良品系列品牌广告中我们不难看出：广告本身并没有拖沓或哗众取宠的商品信息；相反，呈现出来的是一个看似空无一物，但能容纳百川的理想空间，这就是无印良品想要传达的理念。

图 3-17　无印良品的品牌广告

　　崇尚美学的品牌消费已成为一种趋势，那么，对于一个品牌来说，如何平衡其美学表现上的一致性和多样性通常是我们所争论的问题，尤其是在跨文化的传播中，一致性和多样性的争论显得尤为激烈。美学表现一致性和多样性的选择在通常情况下会影响消费者对品牌的印象。一般来说，品牌美学表现的一致性可以让消费者通过重复来识别和记忆品牌，这很好地避免了混淆的问题。而美学表现的多样性可以用来针对不同文化环境、不同消费群体的审美情趣，从而确定识别要素，具有一定的针对性，提升了品牌信息传播的到达率。究竟是选择一致性还是多样性的表现方式，其实并不是可以一言以蔽之的。例如，品牌美学表现的多样性会使消费者感觉到品牌的活力，当然如果失去控制的多样性就给人产生凌乱、不稳定、难以信任的感觉,而品牌美学表现的一致性虽然体现出品牌在管理上的优势,但过于一致又会给人死板、缺乏活力的感觉。在不同的文化环境中对品牌美学表现的一致性或多样性又持有不同的态度,也使品牌的美学形象深深地打上了社会文化的烙印。因此,对于品牌美学表现的一致性和多样性的选择问题在品牌战略的统领下需要把握一个动态调整的"度",在品牌传播的不同阶段、不同文化区域进行灵活的调整。

3.2.1.4 作为符号的品牌

"要成为消费的对象,物品必须成为符号",尚·布希亚在《物体系》的结论中这样写道。与此同时,他给消费下了一个符号学角度的定义:"它(消费)便是一种符号的系统化的操作活动。"[1] 从尚·布希亚的论断中我们可以看到,从某种意义上说品牌被消费的是它的差异性,这种差异性体现了品牌作为符号的区别特征,于是品牌成了消费系统中的符号,而我们把品牌作为符号来理解时,首先需要面对的就是它的符号价值。图3-18是可口可乐的一系列平面广告,虽然在表现上用了不同风格的字体,但它们都使用了可口可乐瓶形作为字体的封套,我们知道这个符号化的瓶形有着强有力的识别作用,即使不阅读其中的文字,我们也能猜出文字与品牌的联系。其实,品牌的符号价值就来自这些符号识别效力的累积。

消费社会中的品牌是商品存在的一种方式,因此,我们可以认为品牌是一种符号形式的商品。既然品牌是一组符号化的商品,那么它同样具备商品的使用价值与交换价值。尚·布希亚提到了一个著名的商品价值符号化的公式,即"交换价值/使用价值=能指/所指"[2]。在这个公式中我们可以看到,符号能指和所指的关系就是商品的交换价值和使用价值的延伸,由于使用价值能够构成交换价值的实现,所指也能构成能指的实现,这样一来,商品价值符号化的过程就是一个合情合理的过程,而品牌就是这种商品价值符号化过程的必然结果。品牌符号价值的提升也有待于丰富能指与所指的含义。因为品牌的符号价值是其中各个符号单元识别效力的累积,所以,品牌符号价值的高低也体现着品牌的整体价值体系与传播效力的强弱与否。

品牌是一种文化表意行为和符号,它可以像一件艺术品、意念或符号那样被创造、设计或使用。这包括品牌的视觉部分,如包装、产品的造型、广告;

---

[1] 尚·布希亚:《物体系》,林志明译,上海人民出版社2001年版,第223页。
[2] 尚·布希亚:《物体系》,林志明译,上海人民出版社2001年版,第1页。

图 3-18　可口可乐符号化的瓶形

也包括理念部分，如品牌的战略、经营方式等等，甚至连品牌的使用都在以一种符号化的方式进行着。人们在想象和游戏中体验品牌的美学价值，而品牌越来越像是一件制造意念的艺术品，让人浮想联翩。图 3-19 是 MTV 音乐电视频道标识的符号化演绎过程，这个过程是品牌"印象"的风格化，在传播效能上已经超出了视觉范畴，成为一种关于生活的态度。

加深对品牌作为符号的理解，我们可以从下面两个途径进行深入探讨：第一，品牌作为符号必须以载体为前提，对于品牌的跨文化传播来说，载体的重要性更是不言而喻的，我们知道，载体和信息的形式有着密不可分的关系，因此，作为符号的品牌，在其传播过程中，对信息与载体的可感知性需要有深度的思考，一般的做法是减少信息渠道的容量，采用简约的方式，尽可能地浓缩信息以减少盘根错节。这些措施涉及视觉设计的各个学科分类，具有很强的综合性。第二，符号是一种指称系统，传达的是自身以外"不在场"的东西，即

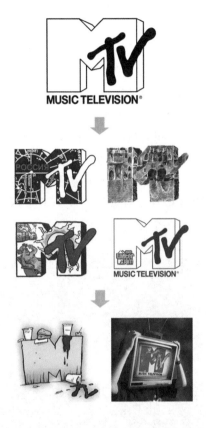

图 3-19　MTV 标识的符号化演绎过程

意义。而符号单元与符号单元之间，符号的能指与所指之间的联系需要遵循一定的传播与编码规则，一般这些规则应该是事先取得认同的，这样才能体现有效的符号象征秩序。例如，飞行员与塔台控制人员的对话就是遵循了事先约定并认同的符码规范，只有这样才能保证沟通的迅速有效。所以说事先认同在跨文化传播中居于至关重要的地位。总之，品牌的跨文化传播不能是简单的、无纵深含义的文化符号的累积，而应该是系统的具有文化意义的输出。

3.2.2　风格化的品牌跨文化传播

现今消费风格化的趋势已经日渐显著，人们已经不能满足于产品使用价值的消费，他们更关注的是自己作为消费个体，与品牌是一种什么样的关系，品牌带给他们的是一种什么样的意义，因此用艺术和文化的方式来建立意义就是品牌跨文化传播的一个基本工作环节。同时，消费的风格化为品牌设计的前期工作提出了更为深层次的要求。例如，在某种特定消费文化中的人具有什么样的文化特征，他们的潜在需求是什么，他们在什么地方接触品牌，并且是以一种什么样的方式去接触品牌，这些都是着手品牌设计时应该思考的问题。此外，还应该看到的是消费的风格化使品牌的消费过程摆脱了单纯经济意义上的交换，而更看重文化层面的实践和艺术层面的感受。因此，针对消费文化的品牌设计的焦点是锁定在消费过程上的，品牌设计师需要将自己的作品放到消费这个"仪式"当中，突破消费空间的限制，为消费者实现完美的体验而设计。图3－20是苹果体验馆外的户外广告，它真实地反映了在苹果体验馆中人们体验品牌时的真实感觉，在那里人们可以近距离体验品牌所带来的乐趣，与此同时人性中最单纯、最真实的部分得到了释放。因此，苹果体验馆似乎已经远远超出了商品展示的范畴，它成了一个任由消费者完全自主活动的空间。

图3－20　苹果体验馆的户外广告

3.2.2.1 消费体验的风格化

消费体验的风格化是消费风格化趋势的一个缩影。而设计个性化的消费体验过程也是品牌传播的基本方式。我们可以把品牌的消费体验当作艺术品或符号那样创造或设计，由此产生的是人文关怀的作用、艺术情趣的享受，同时也是文化情结的体现，因此，这个过程是跨文化的。消费体验的设计严格来说并非一种设计的方法，也不是一种设计的"思维地图"，而是一个如何人性化引导消费者进行消费的过程设计问题，它包含了对消费经验因地制宜的理解。我们也经常将这种消费的经验视为消费文化中微观的部分。消费体验的设计观念可以将设计由一种简单的造物行为上升为一种情感互动的文化体验行为。在这个过程中消费者在分享了设计的同时也参与了设计，他们消费的过程为设计提供了重要的原始依据，而品牌设计师也能通过深入细致的观察，收集不同文化中消费行为的信息，全方位地了解多样化的消费需求，以调整品牌传播设计的方式与策略。

图3-21是十分典型的体验型设计。设计师把茶包设计得像个提线木偶。正如人们所知，使用茶包泡茶的动作和玩提线木偶确有几分相似之处，当茶包被水浸泡之后膨胀起来时，一个茶色木偶人便出现了。一边品茶，一边摆弄这个人形小茶包，其中的乐趣不言而喻，这便是体验型设计所带来的附加意义。图3-22是故宫文创的冰嬉书签，设计的灵感来源于故宫博物院藏清代《冰嬉》卷。"冰嬉"在清代被视为"国俗"，每年都会委派专人从八旗官兵中挑选"善走冰"的能手入宫训练，冬至到"三九"时在西苑冰上举行"冰嬉"，届时皇帝会亲率王公大臣等前往观看。"冰嬉"场面热烈，表演者的各种姿态让凛冽的寒冬充满生机，为即将到来的新年增添许多喜庆的气氛。以此为原型，设计者将冰嬉场景与人物设计成书签，当这些"小人儿"在书页中游走时，仿佛"冰嬉"场景又跃然眼前，为阅读平添了几分额外的趣味。

对品牌消费体验的设计是为了创造一个良性的品牌接触点，最终提升品牌的忠诚度。品牌忠诚度是一件很难获得却又十分容易失去的东西，它需要时间来培养，多层面的互动交流才能促成忠诚度的提升。提升品牌忠诚度在传统的设计观念中仅局限于品牌信任度的培养是远远不够的。品牌信任度只是一个基本的出发点，消费体验的设计还需要对整个消费者的体验需求有一个透彻的了解。关于体验的需求层次源于心理学中有关需求层次的划分，同时也遵循了低层次需求被满足后才能获取高层次需求的原则。消费研究学者卡尔·侬（Karl

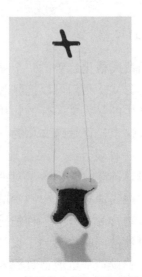

图 3-21 "提线木偶"茶包的体验设计

图 3-22 "冰嬉"书签的体验设计

Long)提出:品牌忠诚度的提升有赖于四个体验需求层次[①]的满足。如图 3-23 所示,第一个层次是信任(trust),这是品牌体验的最基本要求,给予消费者第

---

① Karl Long, "Customer loyalty and experience design in e-business," *Design Management Review*, Spring Vol. 15 (2004): 60.

一次愉快的品牌消费体验是建立品牌信任的第一步。只有"信任"的体验需求得到满足后，才有可能与消费者进一步进行交流。第二个层次是能力（competence），这是对消费者使用产品能力的要求，但同时也是对产品功能的要求，它更多地体现在技术层面，这一点对于网络品牌来说十分明显，如果人们对于互联网一无所知的话，那就根本不可能体验到 Google 所带来的便利。第三个层次是自为（autonomy），在这个层次中人们已经不能满足于对产品的简单使用，他们需要能够按照他们个性化的使用方式来体验品牌，并且完全由他们自己来控制消费"仪式"的全过程，这就是所谓的"自助"式的消费体验。第四个层次是创造与关联层次（creativity/relatedness），在这个层次中，品牌的消费者似乎具备了某种文化群体的特征，他们在使用品牌的同时也产生了一些有趣的派生物，如特定的交流符号或语言，此时品牌的专属消费文化也应运而生了。从上面消费体验的四个层次来看，我们能够发现风格化消费所产生的过程。整体来说，消费体验的四个层次为品牌的传播设计中关于消费者的研究提供了一个基本的框架，同时也迎合了消费的风格化趋势。中国消费文化的发展已经经历了从崇尚节俭到注重享乐，再向审美和个性化方向过渡的历程，其中关于消费者的研究居于越来越重要的地位，发挥着越来越重要的作用，关注消费者从某种层面上说就是关注文化，而只有关注文化才能跨越文化而传播。

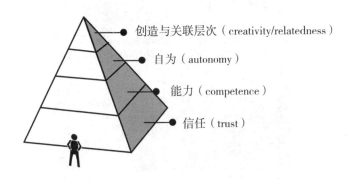

图 3-23　消费体验需求的四个层次

3.2.2.2　"情感"：跨文化品牌创造关联的方式

品牌是名词也是动词，我们可以把品牌视为一种情感劳动，它通过联想来表达一种文脉关系，消费者总是在特定的环境场合很自然地联想到品牌给予他们的感觉。联想需要突破常规的界域，才能获得意想不到的收获。图 3-24 就是一个这样的例子，只要是手握一杯星巴克咖啡，即使不在咖啡馆，都能感觉到在咖啡馆中闲适、静好的氛围，这就是对品牌的一种依恋情感。正如人们所知，情感是品牌文化属性中基本的构成单元，情感体现了品牌在日常生活中是如何与消费者建立联系的，这种联系的本身既体现了品牌与消费者之间在思想与价值观念上的共鸣，同时也体现着品牌用产品或服务影响消费者和对他们情绪造成触动的过程。如今，每年全球都会涌现出大量新品牌，我们常常会被问及它们之间有着什么样的差异，例如，可口可乐与百事可乐的口味有着怎样的不同，或者耐克的网球鞋与阿迪达斯的网球鞋有着怎样的区别。我们的确能够清楚地感觉到它们的差别，但很难用言语来表述，而这种难以表述的差别，就是我们对于它们不同的情感。跻身商品的海洋中，品牌中的情感往往是我们形成选择的重要因素。我们知道星巴克不仅仅是个卖咖啡的地方，也是一个给人们带来情感上愉悦的"社区"，在这个人文环境中，人们消费的关注点并不是简单地停留在咖啡的品质上，而更多的是在享受一种来自星巴克的氛围，虽然

图3-24　随时随地感受星巴克的气氛

咖啡的品质也是其中不可缺少的部分，但除此之外，属于星巴克独有的魅力也是其中重要的组成部分，我们可以将这一切描述为星巴克的风格，而显然这种风格的传播所依托的就是情感。

就像我们知道的那样，消费的风格化意味着情感在人们消费行为中起到越来越重要的作用。艺术也好，文化也好，都是一种情感的流露，它们既体现了思想也体现了价值观。因此，情感决定着对风格是否认同，乃至于对品牌文化是否认同。对于跨文化品牌来说，情感更是一种基本的创造关联的方式。图3-25是奥迪的一组以"情感"为题材的品牌广告，画面中冰冷的机器被赋予了富有"人性"色彩的情感，描绘这些情感的语言在任何文化中都能得到正面的回应，因为其中包含的意义是跨文化认同的，所以它们是品牌跨文化传播中重要的沟通语言。任何文化都有自己的历史，而历史也往往是唤起人们对文化情感的关键部分。图3-26是奥迪e-tron系列的品牌广告，其主题为"Revolutions"。在作品中通过霓虹电子风格再现历史上著名的、开启新篇章的革命事件

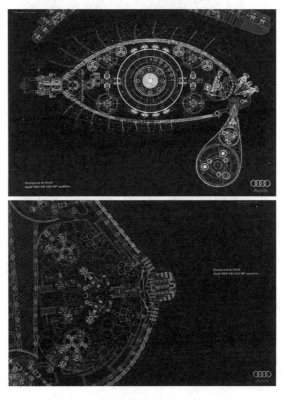

图3-25　奥迪品牌的"情感"策略

(反映法国七月革命的《自由引导人民》油画、1791年首次提出的《妇女权利宣言》图片、反映欧洲三大工人运动的图片),阐述了奥迪对特定历史文化的尊重。情感可以促成品牌视觉风格的形成,而对于品牌的情感,也往往始于品牌风格迥异的文化行为与意识。

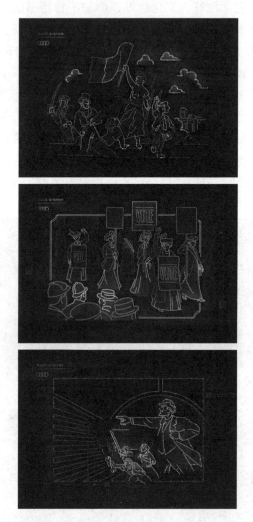

图3-26 奥迪品牌的"文化"策略广告

如何在不同文化中用产品或服务影响和触动消费者,并建立起长久的情感联系就是跨文化品牌所面临的一个实质性的问题。因此,对于跨文化品牌来说,要获得情感就需要完成一系列的观念转变:第一,由"顾客"观念到"人"观念的转变。"顾客"购买，而"人"生活。如果把顾客视为"人"的话，我们就知道如何与他们建立情感联系，因为他们生活的态度与方式都将成为情感联系的触发点。"人"的观念会让我们挖掘人性中最为本质的东西，以寻求文化的创新，而"顾客"的观念却会让我们拘泥于某些既定的契约关系，难以脱身。第二，由"品质"观念到"偏好"观念的转变。"品质"是针对产品而言的，而"偏好"是针对人而言的。"品质"对于品牌来说是起码的要求，因此，光有"品质"是远远不够的，只有成为"偏好"才能跨越文化的疆域获得生存的权利。"偏好"是对风格化消费体验的呼应，要让品牌消费成为一种"偏好"就必须建立情感的联系，而情感联系其实就是文化关联的缩影。第三，由"展示"观念到"交流"观念的转变。"展示"是告知，而"交流"则是一种共享。对于跨文化传播的品牌来说，"展示"只是起到了一个单向告知的作用，而"交流"就包含着情感联结，就能形成文化的互动。第四，由"功能"观念到"感受"观念的转变。如果说"功能"是一种客观存在的话，那么"感受"则直接反映了对于这种客观存在的喜好，因为喜好既体现了情感，又体现了价值观。所以，我们可以把"感受"理解为以人为中心的"功能"。第五，由"诚实"观念到"信任"观念的转变。"诚实"是单方面的，是自我要求的，而"信任"则需要双方情感上的维系，因此与"诚实"相比，"信任"需要付出更大的努力。第六，由"服务"观念到"朋友"观念的转变。我们不得不承认"服务"是一种销售行为，而"朋友"观念阐述的却是一种责任与义务的关系，是情感的凝结。因为文化上的隔阂，交一位异国朋友很难，而对于跨文化品牌来说，将"朋友"的观念注入品牌的传播行为中就更难，它需要不懈地付出努力。总体来说，情感是跨文化品牌创造关联的方式，也是品牌基本的传播能力。

3.2.2.3 风格的感官与跨文化的品牌形象表达

风格化的品牌跨文化传播需要以风格的感官为基础。我们知道风格作用于感官，而感官的特征也深刻地影响着风格，如图3-27所示，视觉主导下的形状、颜色，听觉主导下的声音，还有触觉主导下的材质，甚至还有嗅觉主导下的气味，等等，这些感官所对应的美学因素都是由品牌精髓所统领的风格化元素的集合，内容涉及品牌消费体验的方方面面。其实，我们说的形象或是形象的组合都是设计师在信息接收者大脑中进行的一种信息"再构建"活动，这一"再构建"活动也可以理解为通过各种渠道传达刺激的过程。视觉、听觉、触觉、嗅觉和味觉，以及它们组合起来产生的刺激，在接受者的大脑中进行感觉的再现，而这种再现即我们所说的"印象"，品牌就是这样一种"印象"。图3

-28所示的是位于日本山口县光市梅田医院的空间导向系统设计，这是一所妇科和小儿科的专科医院。正是因为这一专科医院的特性，其空间导向系统在材料上采用白色棉布作为基础材质，并且每一个导向单元都可以从台座上剥离下来，医院会定期做消毒清洗。这一充满诚意的设计形态最大限度地传递出如家一般柔和洁净的空间感觉，由此也营造出了一种特有的品牌"印象"。

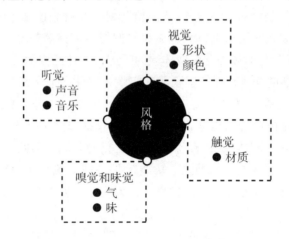

图3-27　风格感官和对应的美学要素

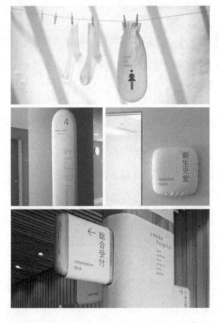

图3-28　日本梅田医院的空间导向系统

视觉作为风格的感官主要包括颜色和形状两个部分，而颜色和形状又是重要的文化符号或文化符号的组成，它们都蕴涵着深厚的文化内涵。许多视觉化的文化符号和图形都是由颜色与形状组成的，颜色与形状也形成了品牌在传播过程中所特有的个性风格。对于品牌的跨文化传播来说，视觉形象上的识别尤为重要，由于颜色和形状能够摆脱语言的限制，其本身就具有很强的跨文化特性，但在不同文化中对于颜色与形状的理解还是有所差异的，例如，黄色在中国是皇权的象征，而在西方很多国家则代表着被社会遗弃或毒药的颜色。因此，在跨文化传播的初期，我们十分有必要对于品牌的风格要素做一个有益的梳理，在不改变品牌视觉形象原貌的基础上做一些取舍，让它在传播过程中不但有很高的识别度，而且能够得到客体文化的认同。

听觉作为风格的感官在最近几年的品牌整体设计中逐步被重视。我们能够在电视或广播中清楚地辨析不同品牌所专有的片段识别音乐，例如英特尔广告音乐的结尾部分，每当它响起时，我们脑海中一定会浮现出有颗"奔腾的芯"存在于电脑之中的画面。听觉作为品牌的识别要素在品牌的跨文化传播中起着不可或缺的作用，它不但能体现品牌的文化属性，而且也能体现品牌的行业属性。听觉识别包括语言和音乐两个部分，它们都具有很强的文化特征。在跨文化传播中、语言作为一种美学要素应该尽可能地当地化，而音乐则可以体现更多的文化差异，以凸显品牌的文化个性。因为音乐往往被视为艺术的经典形式而广泛地受到不同文化的尊重，所以音乐总是能够顺利地跨越文化的屏障。

触觉也是很重要的风格感官，它所对应的美学因素是材质。我们知道材质能够产生"感觉"，这类"感觉"也是品牌识别中不可缺少的部分。我们知道材质与功能、形式都有着或多或少的联系，并和它们一起组成了艺术设计的三大"元"。由于触觉是直接与人们的基本生理感受相联系的，因此，它受到文化差异的影响比较少，所以说我们对于触觉的感知结果是超越文化隔阂的，更多地体现为人的自然反应。由于对触觉的感知能够成为一种不可多得的"共性"，那么，我们当然有理由将其归于跨文化的风格感官。

此外，味觉和嗅觉也是重要的风格感官，它们都有鲜明的行业特征，并和视觉、听觉以及触觉一起组成了全方位的风格感官体系。

3.3 消费的数字化与品牌的跨文化传播

随着科技的发展，消费者已经不能单纯地依靠对商品的观察来获取相关信息了。就中国而言，中国互联网络信息中心公布的《第44次中国互联网络发展状况统计报告》显示：2019年上半年，中国网络购物市场保持较快发展，截至2019年6月，我国网络购物用户规模达到6.39亿人，占网民总数的74.8%；手机网络购物用户规模达到6.22亿人，占手机网民总数的73.4%，这些数据表明消费数字化趋势在中国已然成型。从报告中我们可以看到截至2019年6月，我国网络支付用户规模达6.33亿人，占网民总数的74.1%；手机网络支付用户规模达6.21亿人，占手机网民总数的73.4%，这一数据表明在中国数字化消费的程度是非常高的，这也体现了全球数字化消费的整体趋势。数字化消费有两个十分重要的前提：一是信息的诚信度和消费信用机制；二是让消费者能够体验真实购物经验的虚拟技术。二者形成了一个在真实社会中虚拟的消费环境，它让人们体验到的是超越真实的购物便利，空间与时间的阻碍已经不再是限制消费的"瓶颈"，而品牌的跨文化传播也有了一个前所未有的载体空间。

3.3.1 数字化与消费社会

3.3.1.1 从真实到虚拟的变革

公元前700年左右的希腊出现了一项重大的发明，那就是字母。哈弗洛克（Havelock）等历史学家曾广泛地认为字母这种沟通技术是西方哲学与科学发展的基础。哈弗洛克认为字母出现后，人们有了一个崭新的心智状态，即"以字母思考的心智"（the alphabetic mind），这形成了人类传播（communication）上的质变。[①] 在2700年后，在全球范围内又出现了与发明字母相比无论从规模和意义上都相近的变革，这就是"超文本"（hypertext）语言和"后设语言"（meta-language）的出现。它们将在此之前几乎所有的人类沟通和信息传播方式，如书写、口语和视听系统都整合到了一个新系统中，这个系统超越了时间和空间的障碍，形成了最大限度的跨文化互动，这就是全球化的媒体——网络。对于网络的认识，一直以来都褒贬不一，但其在跨文化传播以及消费文化的多样性发展这方面上却有着重要的作用。它所创造的虚拟空间，使人们超越时间和空间的沟通成为可能。尤其是虚拟社群（virtual community）的出现，人们在网络空间中找到了一个能够穿越时空的现实社会的"镜像"，虽然这种虚无的"镜像"带给人们的可能是脱离现实的沉溺，但作为"双刃剑"的虚拟技术在

---

① Havelock, Eric A, *The Literate Revolution in Greece and Its Cultural Consequence* (Princeton, NJ: Princeton University Press, 1982), pp. 6 – 7.

为我们设置众多陷阱的同时，也带给我们实在的便利。其实，问题的关键还是人，如何在技术的使用上采取"折中"的处理方式，如何在那些看似让我们生活便利的技术面前保持清醒而理性的头脑是面对这场变革基本的认识问题，当然最关键的还是要成为技术的主人而不是奴隶。

网络虚拟空间带给我们沟通与传播的便利是众所周知的，从生存理性的角度来看，我们不可能因为虚拟世界容易让我们迷失而完全摒弃它，如何让它"为我所用"，而不是"为我所累"是问题的根源。同样的道理，我们不能因为消费的本质是颓废的而拒绝消费，我们要做的不是思考应不应该消费的问题，而是如何以一种负责任的态度进行理性消费的问题。在网络虚拟空间的消费更是如此，这也是形成虚拟空间健康成熟消费文化的前提。

网络虚拟空间应该说从根本上转变了人类生活的基本向度，它脱离了文化、历史和地理的意义，并将这些意义重新整合进一个功能性的网络或"意象"拼贴之中，于是信息流动的空间代替了地域意义上的空间，而虚拟空间的文化就有了一个所谓的物质基础。虚拟空间的消费文化是来源于真实的虚拟，在这个虚拟空间中的消费其本质是信息的消费，品牌在其中也成为一种彻头彻尾的信息。由于网络虚拟空间是各种沟通方式的集合，其特征涵盖了各种不同文化的"意象"，而这些文化的"意象"都采用一致的符码编撰原则，即使在表面上它们是不同的文字和不同文化意义的图像与声音，但由于一致的符码编撰原则使我们能够方便地进行理解，这似乎是我们运用了在文字与图像等沟通技巧背后共同的语言结构，让品牌能够在网络的虚拟空间中促成不同文化间的对话交流，这样一来，网络虚拟空间就成为品牌跨文化传播中不可多得的优质载体。

3.3.1.2 数字化的市场与跨文化传播的品牌

从市场的角度来看，品牌是市场竞争的产物，市场也是人们开始消费品牌的源头，尤其是在崇尚经济的社会中，市场位置是如此举足轻重。在从真实向虚拟的变革中，市场在网络虚拟空间中也有了一个数字化的镜像，产生这种镜像的原因，一方面在于电子商务交易平台的日臻完善，另一方面在于消费者开始逐渐接受数字化的消费方式。于是，消费的数字化成为一种趋势，而数字化市场的兴起也成为一种历史的必然。一直以来，市场是品牌传播以及价值实现的空间，那么，数字化的市场就成了品牌在虚拟空间中进行生存、竞争、传播的场所。

数字化市场的特征决定了跨文化品牌在虚拟环境中生存、竞争以及传播的方式。从生存的角度来看，跨文化品牌在网络虚拟空间的生存是依赖技术的，虚拟现实技术使得跨文化品牌能够有效地解决与消费者进行沟通的系列问题，让消费者在未直接面对商品时，能够尽可能地了解关于品牌的一切信息，跨越时间和空间的限制来体验品牌，这一切都已经成为现实。从竞争的角度来看，数字化市场是一个以信用机制为基础的虚拟的、开放的市场，对于信息的处理方式决定着市场机器的运作，于是，在这里，竞争就是信息处理能力的竞争。这说明了跨文化品牌在虚拟网络空间中的竞争是以信息为基础的竞争，谁及时、准确地掌握了消费者的信息，谁准确、可靠地传达了品牌的资讯，谁就有可能赢得市场的份额。此外，数字化市场也决定着跨文化品牌的传播方式。对技术的依赖使得数字化市场中的品牌传播具备了智能、交互式的特性。因此，在品牌形象的呈现方式上有必要结合声光音效进行数码化的传播，而且也要对不同文化中消费者的信息进行实时准确的反馈，来为品牌的全球决策服务。总之，数字化市场中的跨文化品牌的每一个环节都必须是高度互动的。

其实，数字化市场从根本上说是一个脱离地域意义的市场，它似乎超越了文化对于市场形态的限制，本质上说它应该就是一个跨越文化的消费和贸易场所。

3.3.2 品牌与网络

3.3.2.1 网络作为品牌跨文化传播的载体

我们知道空间和时间是人类生活的基本向度，而网络虚拟空间的出现为时间与空间的存在赋予了新的社会意义。网络通过改变人们的交流方式而影响和改变着人们的生活。网络虚拟空间的形成发展标志着一个新的空间逻辑的产生，这个新空间逻辑本质上不但颠覆了传统意义上空间和时间的限制，而且跨越了文化间的隔阂，在信息流动的机制上形成了一个全球性的虚拟空间，因此，对于跨文化品牌来说，网络改变的不仅是它们的传播方式，更为重要的是改变了跨文化品牌运作的实质。在此基础上，我们可以从两个角度看品牌的传播：一是品牌经营者的角度，二是品牌消费者的角度。

从品牌经营者的角度来看，当我们将网络视为一种品牌跨文化传播的战略性工具时，我们会发现其对品牌经营的价值链产生了十分深远的影响。事实证明，作为跨文化品牌必须平稳顺利地向网络化过渡，才有可能取得更为广阔的发展空间。在网络时代，品牌的市场包括在线行为（网络虚拟空间中的交易）和离线行为（实体空间的交易）两种方式。如图3-29（a）和图3-29（b）所示，在2000年以前，品牌市场的一些环节，如服务（售前或售后）、配送和传播，网络并没有全程支持，而更多地的是起到一种结构性的单向控制行为，因此，无论从品牌系统的运作效率还是传播效果来说都差强人意。尤其是在跨文化传播中，时间与空间，以及文化差异所带来的各种信息都不能直接且迅速地从品牌的价值链中得到反馈，因此，为品牌的传播造成了许多障碍。而2000年后，网络作为一种基本的沟通技术贯穿了消费者服务、市场、配送以及传播的方方面面，使得品牌系统的效率和对外界信息的敏感程度都有了大幅地提升，品牌跨文化传播的基本能力也得到了增强。从整个品牌的价值链系统中不难看出：不同文化背景的人都可以通过网络虚拟空间为品牌传播的各个环节提供信息反馈，这也方便了品牌为消费者提供个性化的服务。因此，从这两个对比模型中我们可以发现，网络虚拟空间的技术切实地改变了品牌的运作机制，也有效地从技术层面解决了品牌在跨文化传播过程中信息处理与反馈的棘手问题。

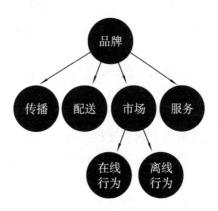

图 3-29（a） 互联网对品牌的影响：2000 年以前的情况

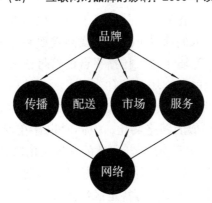

图 3-29（b） 互联网对品牌的影响：2000 年以后的情况

从品牌消费者的角度来看,品牌与消费者沟通的终端性质发生了一定的改变。在传统的品牌与消费者的沟通模式中,沟通终端一边是品牌的经营者即组织,另一边则是个人,而在网络的虚拟空间中,作为品牌的经营者——组织完全有可能成为一个活生生的有血有肉的人,于是就形成了个人对个人的一对一的沟通模式。这种新型的沟通模式十分有助于品牌同消费者的亲密接触与培养情感。图3-30体现了这种终端性质的变化。

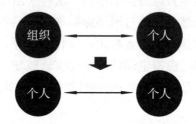

图3-30 品牌与消费者沟通终端性质发生的变化

网络不但改变了品牌传播的方式,而且改变了品牌的竞争格局。首先,品牌的经营由传统的商务模式提升到了电子商务的模式,于是品牌的形象能够以一种全新的方式来解决沟通的问题,因此,电子商务平台上品牌形象的创建与传播将是品牌跨文化传播的一个重要契机。其次,网络互动的沟通方式能够引起沟通方式的变革,它不但使沟通更加个性化,而且有利于创造差异、传播差异,此外,一对一的交流也能够在品牌与消费者之间建立起一种情感,这种情感是品牌忠诚度的体现。最后,品牌在网络虚拟空间的竞争显得更为复杂,而网络传播的便捷也为品牌的传播与发展提供了机遇。

网络文化作为先锋文化的一部分,对于跨文化品牌来说是一个重要的传播载体。在这个载体中,人们都尽可能地寻找高效率和低理解障碍率的方式进行沟通。于是出现了许多专属于这个传播平台的符号语言,这些符号语言高度洗练,并且属于网络文化的特定场合,有着让人回味的乐趣。网络中这些基于技术的文化符号,或者说符号的行为构成了网络虚拟空间的全部。我们知道,在不同的文化中都有着相似的网络文化,但同时也存在着独具特色的网络语言,而这些区域中特色浓郁的网络语言与当地的主流文化仍然有着十分密切的联系,它植根于当地主流文化,但又具备网络的特性。因此,研究品牌和网络文化不能独立地看其一,而需要将它们与特定区域的文化联系起来,当然也不能用文化同一的观点一概而论,而应该差异化地对待,毕竟文化的差异与同一始终都是同时存在的。

网络文化是一种跨区域的虚拟文化,在其中,任何区域文化的特征都可能因为网络这种信息"快餐"式的传播方式而被减弱。但是,这种减弱在现实中只能改变部分大众文化的状态,它对于整体区域性文化的影响还是微乎其微的,例如,在贵州的一个少数民族聚居的村庄,那里的年轻人和都市年轻人一样都喜欢上网,喜欢玩网络游戏,但那里仍然有自己的主流文化,当地少数民族的不少习俗在年轻一代中仍然得到了传承,因此我们可以这样认为,网络文化所带来的这种文化特征的减弱是包含在文化多样性中的。由于网络文化的结构相对简单,其本身又缺乏纵深度,因此,它对于主流文化的影响有一定的限度。就品牌的跨文化传播来说,网络文化虽然提供了一个高效的传播载体,但值得注意的是:我们通过网络的文化空间达成的是一种话语或者说是言语上的认同,而并非文化的认同,这与品牌跨文化传播的主旨还是相去甚远的,因此单纯依靠传播网络来寻求文化间或是品牌与文化的互动还远远不够,更重要的是在了解客体文化的同时,对自身文化进行深层次的理解与反思,在构建文化身份的进程中实现互动性的跨文化传播。

3.3.2.2 跨文化的网络品牌

数字化消费逐渐趋于成熟,客观地反映出了人们对于网络逐年上升的信任度。很多互联网络的访问者出于对网络的信任或者对于网络生活方式的认同,同样也会信任网络品牌,于是在网络虚拟空间开始了争夺访问量的竞争。由于网络品牌自身就是传播媒体,信息的传播是它们价值的增长点,这样一来,文化与技术就成为网络品牌不可忽视的两大支柱。网络品牌有着与传统品牌不同的特性,主要体现在消费方式上。网络作为一种年轻的媒体,是高科技的产物,在这里,消费者用互动的方式消费信息的资源,这种互动可以是音频的,也可以是视频的;可以是二维的,也可以是三维的。从网络交流的这些特性中,我们不难看出网络品牌区别于传统品牌最明显的地方就是对技术,尤其是对传播技术的依赖。因此,技术问题就成了网络品牌发展的基础性问题,但是作为跨文化的网络品牌来说,技术并不是问题的本质,在这个数字化的消费社会中,一切信息的流动的根本目的都是为了服务,服务的理念是由技术与文化共同支撑起来的,没有服务的理念,技术与文化都将没有现实意义。网络品牌是市场竞争的产物,网络虚拟空间的市场竞争源于逐步繁荣的虚拟空间的消费文化。因此,文化对于网络品牌来说同样也是至关重要的。如图 3-31 所示,技术与文化同是跨文化网络品牌基本的支撑点,它们共同指向服务,组成了绘制跨文化网络品牌远景蓝图的画笔。

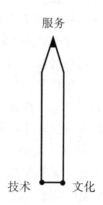

图 3-31　技术、文化与服务的关系

　　网络虚拟空间的信息量浩如烟海，信息搜索是人们在这个广阔空间中不至于迷失的"指南针"。"搜索文化"是一个源于网络虚拟空间的新名词。我们且不去考究这个概念究竟如何，但它确实反映了这样一个现实，即在信息、资讯极度丰富的今天，人们渴望寻求一种快速、高效、多角度地面对信息的方式，一旦人们发现了这种方式，生活也将会随之改变，"Google"（谷歌）就是这种需求的派生物。信息社会中的生存方式是由所使用的搜索引擎来决定的。这个结论看似武断，但不无道理。

　　"Google"是一个搜索引擎的名字，因此它是名词；"Google"是一种常见的网络动作，因此它是动词；"Google"还是对网站地位的一种客观评判，因此它又是形容词。"去 Google。""Google 一下，看看你的网站有多 Google。"今天，我们听到这样的句子时习以为常，而不会感到有什么语法上的错误，因为 Google 几乎成了人们使用互联网的一种方式。不得不承认，Google 是一种文化，它使每个人与任何问题答案之间的距离只有点击一下鼠标那么远。我们可以不去看新浪的新闻，可以不使用 Hotmail 的免费邮箱，甚至可以不安装 QQ，但我们无法不 Google。Google 不是第一家做互联网搜索技术的公司，之前的搜索引擎公司包括 AltaVista、Lycos、Excite、Infoseek 和 Inktomi 在内，大都借着网络泡沫的东风，成功上市、融资，迅速膨胀，尔后又兼并或被兼并。后来很多公司都转型做起了门户网站。这些曾经风光一时的网络公司，今天大部分仍在亏损的深渊中挣扎。虽然曾经有过许多名噪一时的搜索引擎，但没有一家公司可以把搜索引擎做得像 Google 这样好用。1998 年 Google 诞生，短短五年后它竟成为

"代表75%的互联网搜索"[①],其崛起的速度让人瞠目结舌。如今面对一个如此强大的Google,有人认为,Google应被视为一种公共事业,因为它实际上控制了网络访问的资源。他们认为,Google正在成为网络中的"上帝",就像微软成为PC机的"上帝"那样。Google可以轻易地决定一个网站是否能被别人找到,决定这个网站的访问量,甚至决定这个网站是否有存在的必要,等等。Google引人注目的地方还在于它没有做过广告居然还树立起了一个目前市值一万亿美元的品牌。的确,它没有做过一次电视广告,没有粘贴过一张海报,也没有做过任何网络广告的链接,完全依靠网民的"口碑"而迅速成长着,这对于传统的广告营销观念来说不得不说是一次挑战。Google把"产品质量"做成了人们的一种使用"偏好",并建立起了与消费者长久的情感关联。这在崇尚"广告狂轰滥炸来传播品牌"的今天,是一种近乎另类的成功。获得来自不同文化群体的"口碑",对于Google来说似乎不是一种奢求,相反对于文化的驾驭,它显得如此得轻车熟路。例如,Google标识灵活多变的面貌就使得访问者印象深刻,如图3-32所示。我们总能在不同文化背景中、在不同文化节日中发现Google令人耳目一新的形象,这就是Google Doodle带给我们的品牌文化印象。Google Doodle是谷歌于节日和其他纪念日在主页上展示的定制版谷歌图标,其中也会包括一些代表区域文化的大事件,比如说美国的大选日、奥运会等。随着交互技术的发展,Google Doodle加入了更多的元素,包括声效与互动游戏功能,使得涂鸦更具观赏性和娱乐性;在内容上也更加开放,各种热点事件都会有所反映。从1999年至今,Google Doodle已经由一种品牌的视觉设计演化成了一种颇具文化内涵的品牌文化行为。此外,我们在不同的文化区域中登录Google时,它所显示的语言都是该区域的主要语种,一切都让人觉得那么亲切自然,Google就是这样用技术和文化支撑起它跨文化的服务理念的。

3.3.3 建立网络上的品牌跨文化识别

在网络上建立跨文化的品牌识别主要有三种形式:一种是以产品或服务信息为驱动的品牌识别体系,一种是以认可和联想为驱动的品牌识别体系,还有一种是以用户体验为驱动的品牌识别体系。

3.3.3.1 以产品(服务)信息为驱动的品牌跨文化识别

以产品(服务)信息为驱动的品牌识别体系往往比较注意信息的内容,广

[①] 世界品牌研究室主编:《世界品牌100强:品牌制造》,中国电影出版社2004年版,第130页。

图 3-32　不同的 Google Doodle 标识

泛地采用文字或简洁的图表来描述品牌。信息内容的着重点也侧重于产品（服务）功能的表述。这样的网站在视觉表现上相对理性一些，比较注重文化的同一性，在美学风格上也偏重于"国际化"的风格。因此，这种形式的品牌识别是一种标准化基础上的"跨文化"，它能够在全球范围内形成一致的品牌形象，给人以诚实可靠、追求一贯品质的感觉。另外，在此类型的网页上使用的图标清晰、颜色单纯，并广泛地使用网格进行编排设计，这些都是它们在设计上的明显特征。与此同时，这种类型的网站还用不同的浏览器来测试网页的呈现质量，使其在视觉形象上保持高度的一致。一般高档消费品牌都会采用这种品牌识别的方式。当然这与此类品牌的消费行为偏于理性有关，而且这种消费理性在不同文化中所反映出来的形态也颇为相似，这也是它们偏爱以产品（服务）信息为驱动的跨文化识别的原因。

3.3.3.2　以认可和联想为驱动的品牌跨文化识别

以认可和联想为驱动的品牌识别体系是一种把网络作为促销手段的品牌识别方式。在这样的网页上处处都有说服技巧的痕迹，例如，频繁的、重复的广告语，整版移动的广告条幅，还有描述品牌的华丽辞藻和醒目的图形，等等，它们还广泛使用一些流行时尚的概念来统领整个网页的视觉表现。这类品牌识别体系是一种建立在文化差异基础上的跨文化行为。一般来说，这种类型的网页在不同文化区域有着不同的表现方式，并且与当地的文化习俗高度融合。例如，麦当劳的网页就是以认可和联想为驱动的品牌识别。它十分注重品牌与当地文化的关系。此外，促销活动的信息也经常活跃于此类网页上，并且总是处于不断更新之中。

3.3.3.3 以用户体验为驱动的品牌跨文化识别

以用户体验为驱动的品牌跨文化识别可以说是以上两种形式的融合，它不但注重网页的功能价值和美学价值，而且十分注重用户的体验。这类网页总是用技术的手段营造感官的体验环境并表达独树一帜的美学理念，使用户沉浸其中。它并不强迫观者接受品牌的信息，而是用氛围来赢得消费者对于品牌的"偏好"，这是一种十分典型的以用户为中心的品牌识别形式。此种类型的网站在强调品牌传播国际化的基础上也十分注重品牌个性的表达，并将当地的文化观念融入消费者的体验之中，形成一种睿智的互动，这种互动不但是品牌与消费者之间的，而且是文化与文化之间的。应该说这种形式的品牌网络识别更好地体现了跨文化的特性，是值得提倡和借鉴的。

3.4 本章小结

文化属性是跨文化品牌的核心属性。对于品牌文化属性的剖析并不意味着要将其与经济完全剥离开来，也正是因为消费这个原本来自经济范畴的概念才使得品牌的文化属性得以放大。同样的道理，关注品牌的文化也并不等于无视市场的存在，而正是市场才决定了品牌文化的意义。品牌与消费文化总是有着这样或那样的关联，意义上如此，结构上更是如此。因此，只有从消费视角才有可能发现真实而具体的品牌文化属性。从消费文化看品牌的跨文化传播，风格化和数字化是两个具有代表意义的切入点，同时它们也代表了消费文化两种最为重要的趋势。在关于消费的风格化与品牌跨文化传播的论述中，笔者从艺术和文化的角度重新解构了品牌价值实现的机制，并强调了风格化品牌传播的意义。在对消费的数字化与品牌跨文化传播的论述中，笔者着重描述了品牌在虚拟网络空间中的生存状态，分析了品牌的网络和网络的品牌，并强调了网络对于品牌跨文化传播的作用。总体来说，消费文化的视角实质上就是消费者的视角。消费者决定着品牌跨文化传播的具体形式，毕竟品牌是消费者的品牌。

第4章
从文化战略看品牌的跨文化传播

4.1 中国本土品牌传播的战略现状分析

近年来,中国对外贸易的摩擦不断,一位经济学家曾如此形象地描绘这些摩擦产生的原因:一只蚂蚁爬进瓷器店,当然无声无息;但是一只大牛闯进瓷器店,情况就大不一样了。于是,人们看到这样一个现象,那些以往对自由贸易高唱赞歌的欧美国家突然对中国企业都舞起了"贸易保护主义"的"大刀"。的确,中国企业正大举进军海外,并一步步逼近欧美国家的核心市场和核心产品领域。然而,这头带着声响的中国"大牛"身上负载的却多是服装、鞋帽、袜子、打火机等低附加值的日常消费品,它们大多数都没有自主品牌。西方的消费者只知道它们来自中国,而且价格便宜,却往往说不出任何一个中国品牌的具体名字。离开了自主品牌,中国这头"大牛"并不强壮。虽然这些年来中国的对外贸易增长迅速,但自主品牌出口的比重仍不是很理想,利润十分微薄。缺乏自主品牌已经成为中国经济的"死穴"。要想摆脱"制造大国,品牌小国"的尴尬定位,就需要对中国本土品牌的现状有一个清楚的认识。

4.1.1 品牌"方法主义"

自加入世界贸易组织以来,中国本土品牌的运作出现了不少问题,其中具有代表性的是品牌"方法主义"。这从近些年铺天盖地涌现的那些所谓品牌方法的译作中就可见一斑。对国外方法的盲目崇拜反映出一种"病急乱投医"的心态。不管适不适合,只要是"洋货"就是先进的,就可以"包治百病"。殊不知方法也要因地制宜,教条地"生搬硬套",也会造成方法的"水土不服"。这种在"方法"上的崇洋媚外导致了一个奇怪的现象:这边有关品牌"方法的论著汗牛充栋，而那边品牌经营者却仍旧四处奔走找方法。品牌是特定文化的产物，不同的文化造就了不同的品牌内涵与个性。我们总能在品牌的个性中发现一些孕育品牌的社会文化的影子，这种潜移默化的影响是无声无息的，也不能随人的意志所改变。因此，解决中国本土品牌的实际问题还应该从中国自身文化中找突破口，而对外国方法的引入更应采取审慎的态度。

中国本土品牌对于"方法"的"迷恋"从另一个侧面也反映出了品牌经营者急功近利的心态。在品牌经营者当中普遍存在着对品牌与销量的错误认识，品牌管理与传播其实是一个长期的战略行为和系统工程，而不是立竿见影的"销量问题"，一味追求销量而对品牌进行"方法"上的拔苗助长，只可能造成品牌的畸形发展，许多品牌迅速崛起后又迅速陨落就是这个原因。其实，在销量背后蕴藏的是文化因素，以文化作为根基进行战略层面的整合才是品牌管理与传播的重中之重。在现实生活中，一位消费者在选择一件商品之前，总会将这件商品与其他商品进行比较，商品的颜色、价格、产地、形状、质量、功能、服务等都是比较的内容，但如果每次购物时都要如此比较也是不切实际的。其实，在商品功能高度同质化的今天，消费者在选择商品时往往比较的是品牌，品牌浓缩了一切，也集中了一切。随着产品不断丰富，消费者对品牌的依赖度也会随之加深。这样看来，品牌问题的确是关乎销量的，但为追求销量而忽视品牌文化根基的培养，稍不注意品牌工程就会全线崩溃。

要解决中国本土品牌的"方法"问题，对品牌设身处地地诊断显得十分重要。外国品牌得以成就的方法是在消费研究"西方中心论"基础之上得来的，其中很多观念未必适合中国本土品牌的具体情况。而对于中国本土品牌的发展现状来说，需要的是一种立足民族文化、有战略统领的品牌整体传播构架，那样才会有切实的效果。

4.1.2　症结所在：战略贫瘠

品牌"方法主义"是中国本土品牌传播的一个明显误区，并且具有一定的普遍性。它不但关乎战略，而且关乎文化。中国本土品牌的传播从一定层面上说是一种文化的输出行为，因此从根本上解决中国本土品牌输出的逆差状态，需要从四个维度来面对文化问题：首先，总结中华文化几千年的精神遗产，深度理解其精神内涵；其次，更新文化观念，对传统文化的正负效应进行理性而客观的批判；再次，整理当下的文化理论与实践的成果，融入品牌的管理与传播之中；最后，在文化价值平等的平台上，看待本土品牌与国际品牌的差距，并致力于阐释本土品牌的文化意蕴，促进品牌文化的创新发展。这四个维度阐述了一个文化转型的问题。毕竟，文化观念直接影响着品牌观念，而对文化负责的品牌发展观才是持久的、有战略高度的。中国本土品牌的发展应批判地秉承民族文化的精神，敢于面对国际的竞争法则，并着手品牌能力的"自我修炼"，逐步形成适合中国本土品牌的管理与传播方法体系。品牌"方法主义"说明了这样一个现实：那就是战略贫瘠是现今中国本土品牌传播问题的症结之所在。然而将战略观念灌输到品牌传播当中，其关键就在于挖掘继承中国传统文化的精髓，充分吸收当今消费文化中适合品牌发展的营养，并将品牌放到一个国际大消费环境中进行思考，从而培养品牌对多元文化的适应性，而只有这样才能真正形成属于中国本土品牌自己的方法、战略。

4.2 品牌文化战略的思考

中国本土品牌需要战略，品牌战略是品牌管理与传播的纲领和统帅。品牌的战略包含以下两个层面的含义：一是管理层面的，品牌战略其实是组织战略管理的一种有效方式，其中涵盖组织发展的愿景，以及在愿景目标统领下对资源的合理调配和对能力的培养。二是传播层面的，它是一种结合时间和空间的长远传播规划。这两个层面相互依存、唇齿相连。总之，中国的本土品牌需要一个全面的战略体系来支撑。

4.2.1 战略与战术的关联

4.2.1.1 关于战略的思考

"战略"一词在英文中为"strategy"，在法文中为"stratégie"，在德文中为"strategie"。其词根出于希腊语，意为军队。从这个词衍生出"strategos"，意为在战斗中实行的一整套克敌制胜的策略。1770年，法国人梅齐乐在翻译毛里斯的 *Strategikon* 一书时，根据其书名创造出"strategy"一词，并于1777年在自己所著的《战争理论》一书中首次使用。这即为"战略"一词作为现代军队用语的起源。而就中国来说，应该是孙子第一次完整地提出了关于战略的理论[①]，

[①] 参见军事科学院计划组织部编《战争与战略问题研究》，军事科学出版社1988年版，第90页；李少军《论战略观念的起源》，载《世界经济与政治》2002年第7期，第5～6页。

而此后"战略"一词也常被历朝历代军事著作所使用。

战略概念在军事领域的发展演变过程基本上可以分为三个阶段：第一阶段为我国古代和西方18世纪以前的古代战略时期。这一时期尚未区分战略和战术，战略作为"作战的谋略""将道"，主要是指特定空间范围内较小规模的军事斗争。第二阶段为18世纪末到第一次世界大战爆发时的近代战略时期。随着战争物质基础的变化和军事行动规模的扩大，战略概念也从战斗范畴扩展到了战争全局的范畴，战略概念的内涵与外延出现了全新的变化。第三阶段是"二战"后至今的现代战略时期。其特征是战争问题空前复杂，政治、经济、科技和精神等因素对战争的影响也日益显著。对于战略概念的研究，英国学者利德尔·哈特首先指出"战略所研究的，不只限于兵力的调动"，而"是一种分配和运用军事工具以来达到政治目的的艺术"[①]，可以看出此时战略的概念开始广义化了，其内涵的丰富程度也初现冰山一角。

战略一词在工商领域的运用是其在军事领域运用的延伸。就品牌或组织而言，战略存在于组织的内外环境之中，也是针对品牌或组织内外环境所做出的评估与应激力的综合体现。战略是为了达成目标而对各种组织经验的整合，因此，我们也可以将战略称为"元方案"。战略在时间上应体现出长远的规划性，而在地域上也应体现出一种广泛的适用性，这是战略应具备的基本特性。战略在品牌或组织的内部主要体现在管理层面，其中包含战略的计划与实施，还有各种资源的合理调配，等等。战略在外部则体现在传播层面，在这个层面上集中体现为战略是如何在与消费者建立动态关联中确定大体传播方向的，这又包括信息传播的目标以及信息内化等相关内容。战略在内外环境中的这些机能说明战略其实是一个内外高度统一的系统，该系统具有典型的美学风格特征，受到组织发展阶段、规模、文化环境、运作成熟度等因素的制约。战略从某种角度上说，也是品牌或组织个性的体现，同时又是品牌经营者、组织领导，以及设计师意志的综合体现。因此，战略所体现的风格特点应包含对于内外事件的理性反映，当然它也因具备一定的感性成分而显得灵活变通。

对于品牌战略的认识，在国内还是存在一定偏差的，主要体现在以下几个方面：首先，体现在战略的制定上。在多次的调研中发现，不少品牌的发展战略均是采用由下级部门做出方案呈交 CEO 拍板的做法，这其实违反了战略思想的基本规律。严格来说，战略应具备一定的视野宽度和高度，战略的制定也是

---

① 克劳塞维茨：《战争论》，中国人民解放军军事科学院译，中国人民解放军战士出版社1978年版，第438页。

一个自上而下的过程，所以说由一两个部门形成的战略未必能体现全局的特点。其次，战略无论从本质上或功能上都不等同于规划，而是形成规划的理念。它不是设计、生产、销售、财务、技术等各部门工作相加的结果，而是指导整个组织及各部门工作的依据。因此，战略主要不是技术性的产物，而是思想性、创新性的产物。再次，在战略的形成过程中把对所收集信息的分析放在了比战略思路研究更重要的位置，这样在逻辑上颠倒了二者的顺序，本应是战略思路指导信息的收集和整理，而在实践中却反过来了。这样一来，组织虽然囤积了大量的信息，却往往形成信息的"消化不良"，信息的利用率与转化率极低。最后，战略不应是品牌或组织在特殊时期（如危机时、重组后、更换大股东后）的工作，而是品牌或组织在发展中经常性的事务，更不应是用来进行媒体宣传、自我表现的广告素材，而是关乎品牌与组织生存发展的绝密资料。

4.2.1.2 品牌战略与战术的整合

战略与战术是我们经常放在一起讨论的概念。在品牌的跨文化传播中，我们可以这样理解它们之间的联系与区别：对战略的理性思考应首先从品牌的内外环境中确定自己的位置，这是一个审时度势的定位过程，也是作为意愿和权利主体找到自身意愿和权利位置的过程。客观地说，权利是获取战略知识的前提条件，而时间和空间则是战略视野所必备的基本属性。相对战略来说，战术实质上是一种缺乏自身定位，对外界环境的刺激被动应对的过程，也就是说，战术在驾驭时间和空间上是缺乏主动性的。正是因为战术缺乏全局的视野，因此在一定空间和时间中就可能会形成盲点。

米歇尔·德塞都在《"权宜之计"：使用和战术》中提道："战术是弱者的艺术。"[①] 这一论断非常真实地反映了中国本土品牌的战略现状。就现实情况来看，战术性的特征体现在品牌决策者过多地纠缠于竞争的动态上，不求长远、不求整体地实施一些所谓的市场"应对措施"，在经营上"跟风"，在价格上"较劲"，等等，这些现象究其根本都是缺乏品牌长远战略而形成的不良竞争。对于战术上的"热衷"从侧面反映了中国本土品牌战略贫瘠的现状。但是，我们总结战术所带来的这些弊端，并不意味着要对战术进行批判和摒弃。从另一个角度来说，战术也体现了对事件的灵活应对，也为本土品牌在经济实力相对薄弱的境况下争取到了不少机遇。因此，辩证地面对战略和战术问题，我们有

---

① 米歇尔·德塞都：《"权宜之计"：使用和战术》，见罗钢、王中忱主编《消费文化读本》，中国社会科学出版社 2003 年版，第 102 页。

必要将战略与战术结合起来思考，用客观的态度来面对中国本土品牌的战略与战术问题。

经过上面的分析，我们会发现没有战略指引下的战术才是名副其实的"弱者艺术"，战略与战术整合是时代的需求。战略作用于时间与空间上的长远，而战术则在战略形成的时间与空间中充分灵活地把控机遇。由此看来，单纯的战略是对时效性的忽略，而单纯的战术则是对目标远景的漠视，因此我们可以得出这样的结论：战略与战术分开来看都是有盲点的，整合起来才能有一个科学而全面的视野。离开战术的战略是空洞的，而离开战略的战术就如散兵游勇，成不了气候。因此，倡导战略与战术的整合充分考虑了中国本土品牌的经济实力和对长远现实的规划。

4.2.2 品牌战略的文化视角

品牌战略在现今总是不可避免地体现出一种文化的色彩，比如"Hip-hop"文化就广泛地运用于各种品牌的战略中。当文化作为一种"消费品"呈现于人们面前时，许多公司开始接受用文化的方式来"资本化"市场，此时品牌的疆域似乎是已经摆脱了行业束缚而成为一种生活的方式。例如，运动品牌锐步就宁可选择做一种"生活方式的品牌"而不做"运动的品牌"。生活方式代表一种文化的形态，而文化在历史和空间维度中的重要性足以支撑一个品牌的战略运营。在图 4-1 中不难看出锐步的"生活方式"战略，即挑战任何的不可能。当这种充满运动精神和进取意识的生活价值观与行为方式被纳入品牌的战略体系，并借助媒体传播的力量，获得较多人认同时，就能获得意想不到的效果。的确，文化可以让品牌的战略更具效应，而从文化视角来看品牌战略，我们就必须要理解品牌的文化。

4.2.2.1 品牌文化的分层结构

文化如同冰山，有它显性的部分，也有庞大的隐性部分，品牌文化也是如此。因此，对于品牌跨文化传播研究来说，不仅要解读品牌文化现象的表层，还更应该认识形成文化现象的内在机制。我们可以这样理解品牌文化：它通过建立清晰的品牌文化身份定位，并在这个定位的基础上，借助各种内外部的传播途径来形成消费者或组织成员对品牌精神的高度认同，从而形成一种文化的氛围，起到对内管理、对外传播的作用。品牌文化是物质与精神、人与物高度合一的产物，它代表了与之相关的某一人群的思想、情感和价值观，同时也是品牌生存与传播的途径。从传播角度来看，研究品牌的文化可以有这样两个立

图4-1 锐步的"生活方式"

足点：一是作为传播主体的品牌文化自身，二是品牌文化对社会文化的影响。从这两个立足点出发将有助于从战略宏观视角来认识品牌文化。而从品牌文化的自身来看，同样需要采用两分法的观点：一是品牌的内文化，这是来源于组织文化并体现在品牌构建中的管理文化，它是形成品牌文化的内因；二是品牌的外文化，这是消费者对于品牌整体的"印象"，是品牌形成识别度的关键。而品牌文化对社会文化，尤其是消费文化的影响在上文中已经做了详细的论述。品牌内外文化的关联如图4-2所示。

品牌的内文化主要源于经营品牌的组织内部，是品牌成长的内部环境。品牌的内文化是组织文化的延伸，主要涉及组织的管理层面，是与品牌相关的一切组织管理行为和价值评判规范的集合。因此，品牌的内文化是形成品牌文化的文化，也是在现代社会中品牌文化战略的"孵化器"。品牌的内文化是品牌文化的重要支柱，在一定程度上决定着品牌的传播能力，同时也决定着品牌战略的发展方向。长久以来中国的管理哲学都强调"内圣外王"的思想，主张通过组织内部的协调以达到一个"内圣"的状态，从而实现"外王"的目的。从当下国际竞争的态势中，我们可以发现品牌的动态能力在资源环境相对同一的

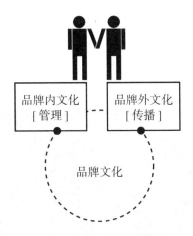

图4-2 品牌内外文化的关联

条件下是占据市场先机的"法宝",因此,注重品牌内文化的完善和调理将有助于提升品牌各方面的能力,为品牌的传播提供动力支持。此外,品牌的内文化也体现了品牌经营组织对于信息的消化能力。良性的品牌内文化将促进信息在组织内部的流通和共享,使组织内部的隐性知识显性化,从而使品牌知识以组织资产的方式固定下来,为品牌的跨文化传播服务。

品牌的外文化是品牌的传播文化。品牌的外文化包括品牌的视觉形象、传播活动、行为方式等等。品牌的外文化充分体现了品牌的个性,方便了品牌的识别。品牌的外文化包括三种主要的特征性资源:一是品牌形象。品牌形象一方面是先天的,是品牌在设计企划初期就被赋予的,特别是一些视觉的元素;另一方面是后天的,即在传播过程中在消费者心中形成的"印象"。品牌的形象是我们识别品牌的基础性要素,也是品牌跨文化传播中所采取形式的集合。二是品牌的社会地位。品牌的社会地位是由品牌传播而产生的社会反响。它与孕育品牌的主体文化、品牌文化和传播到达的客体文化都有着直接的关系。我们知道品牌的口碑、美誉度都是判定品牌社会地位的重要指标。品牌的社会地位往往是品牌销量的决定因素,也是品牌经济价值的直接体现。三是品牌与社会结构的互动关系。它决定着是否形成具有社会意义的品牌文化,对品牌的传播效力也有着直接或间接的影响。

图4-3所示的是英国知名的折叠单车品牌Brompton的广告,这种使用便捷且方便骑行的折叠单车被爱好者亲切地称为"小布"。Brompton自1975年创立,经过数十年的悉心经营,每年产能超过22000辆折叠车,其中70%出口国

图 4-3 Brompton 的品牌广告

外。这种以外销为主体的销售策略，让 Brompton 尤其关注自身的文化建设。要在百年品牌林立的欧洲崭露头角很不容易，正因如此，Brompton 采取了颇具特色的品牌文化战略思路。自创立起，Brompton 就一直致力于为骑行者生产经久耐用、使用便捷的折叠单车，并逐渐形成了特色凸显、内外文化兼修的品牌文化战略。于内，Brompton 以不懈的创新设计作为自己的永久使命，通过在产品结构上的不断完善，使得每一辆 Brompton 单车都可以在 10～20 秒内被折叠成小巧的尺寸（见图 4-4）。独特的折叠设计可以确保车灯、缆线等不受损坏，并且在折叠之后，也不用担心链条与齿轮会弄脏衣服与行李袋。更难能可贵的是，Brompton 单车的骑乘品质和它的折叠性能一样出色。坚固的车架让骑行者的力量能进行有效的转换，保证车身反应灵敏，给人轻快的骑乘感受；同时，标准尺寸的前后轮轴距则提供了高速骑乘时的稳定性。基于精良设计的品牌文

图 4-4 Brompton 的折叠步骤与便携性

化体系让 Brompton 有了坚实的品牌文化战略根基。正是因为 Brompton 便携易骑的设计特色，使得 Brompton 可以被轻松地装进行李箱，使得"带着 Brompton 去旅行"成为一种特色时尚（见图 4-5）。借助公共交通体系，Brompton 让人们能够到世界各地感受骑行的快乐，这也成为 Brompton 品牌颇具魅力的卖点之一。如今，几乎在全球各地都可以见到 Brompton 的身影，而 Brompton 也逐渐成为游走于世界各地"英伦文化"的一个缩影。面对不同文化的碰撞，并适应不同人种对于骑行的需求，Brompton 推出了可定制的车型结构，其中包括车架颜色、变速系统、座凳、挡泥板等都可以依据骑行者的喜好进行定制更换。于是，在品牌外文化逐渐丰满的过程中，Brompton 的品牌内文化也开始了进化，"以用户为中心"逐渐成为品牌内部管理运营的主线。为了确保品质，全球的 Brompton 折叠车都在位于伦敦西区的工厂手工制作完成，销售的每台单车都可以追溯到经手的员工，以及制造过程中的每一个关键步骤。在当今的单车行业中，这种做法极其少见，但这也是 Brompton 确保其自身"纯正血统"和专业性的品牌管理方法。为了进一步提升品牌声誉，Brompton 在品牌外文化建设方面展开了"联名战略"，这个来自英国的骑行时尚品牌已经和多个业内大牌推出了联名产品，如 Castelli、POC、Brooks（见图 4-6）等等，通过这种跨界联名的品牌文化战略，Brompton 成功进入了一线时尚品牌的"俱乐部"，并成为一种"骑行"生活方式的代名词。

图 4-5　便携的 Brompton

品牌的内文化和外文化是品牌文化的两个支柱，它们相辅相成，缺一不可。

图4-6 Brooks 150周年与Brompton联名推出的纪念版单车

有感染力的品牌文化对外能够使消费成为一种文化的体验行为,甚至是一种自我实现的创造性行为,而对内也能起到凝聚和制约的"软"管理作用。

4.2.2.2 品牌文化的战略价值

品牌文化的价值体系是一个双向共赢的价值体系,涉及经济与文化两个领域。从宏观角度来看,品牌文化在战略上促进了整个社会文化资源与经济资源之间的转化与增殖,也有利于整个社会经济文化的协调发展。而从微观层面看,品牌文化满足了人们对于文化的消费需求,也有助于文化间的对话与沟通。当今社会已经进入了文化消费的时代,物品的使用价值已经成为一种基本的要求,而对于品牌"文化"与"符号"价值的渴望逐渐成为品牌消费的典型特征。品牌文化无疑为这种软价值的消费需求提供了实现的可能。对于经营品牌的组织来说,品牌文化是一种保持价值持续增长的有效方式,一方面激励组织对品牌管理与传播不断进行创新与变革,从而在根本上提升组织资源整合与科学利用的效率,为品牌的跨文化传播提供内在动力;另一方面也克服了组织内部急功近利的心态。因此,只有从小处着手培育文化,用战略管理的方式培育品牌,才能为品牌的跨文化传播打下坚实的基础。

文化决定着族群的命运。在全球化的今天,文化的这种决定作用前所未有。文化赋予族群以能力,例如,严谨理性的文化使德国在精密制造业方面傲视群伦,崇尚浪漫的文化使法国的时尚产业在全球范围内独树一帜。此外,日本文化中节约的思想使得其在制造业中最擅长降低成本;印度软件业的异军突起也得益于他们对于宗教精神世界的追求,毕竟软件所形成的"虚拟"环境与宗教的精神世界无论从作用或本质上都有着相似的特征。文化通过赋予族群的不同特征来决定族群的命运，品牌文化也是如此，它使得品牌以一种自身所特有的方式生存着，它决定着品牌采取何种态度去应对过去、现在和未来发生的事情，因此品牌文化在悄然地决定着品牌的命运。文化决定品牌命运的方式是赋予品牌特有的生存能力，而品牌正是通过这种能力来跨越文化进行传播的。图4-7是安踏冬奥会特别版运动鞋的品牌广告，在产品风格和广告的视觉元素上，借用了故宫建筑构件和家具上的符号元素，这种与历史文化的载体机构进行的战略合作，使得品牌视觉的文化意味跃然而出，也使得品牌形象愈加鲜明，并焕发出新的传播活力。

图4-7 安踏2022年冬奥会特别版运动鞋

如今对于所有的品牌战略而言，都有着一个共同关注的基本问题，那就是怎样保持品牌竞争力的优势。全球化形成了同样的游戏规则、同样的竞争平台，在这种情况下，品牌核心竞争力就成为品牌是否能取得市场优势的重要凭证。核心竞争力是品牌自身能力与资源的一种体现，而从其日益发挥的重要作用来看，组织的内部因素成为品牌发展的关键。品牌的核心竞争力是一种动态的能力，它主要体现在这样两种"力"上：一是能力，二是动力，二者缺一不可，它们都蕴涵着丰富的内容，涉及品牌传播和管理的各个方面。值得一提的是，能力和动力均是品牌文化的派生物，因此，我们把品牌文化视为品牌核心竞争力的基点不无道理。品牌文化作为核心竞争力的基点无论对管理还是传播来说都有着积极的作用,它通过影响人们的观念和行为来体现品牌实力。此外,品牌文化作为核心竞争力的基点还代表着一种文化发展的意愿,这种意愿就是品牌跨文化传播的内在动力。毕竟想竞争才有竞争力,想竞争并希望在竞争中取胜代表的就是品牌的竞争力文化。它同样包含着思想、情感和价值观念,受到地理、历史、经济条件的制约,我们可以把它视为品牌文化的延伸。因此,品牌的核心竞争力从本质上说是来源于品牌文化的,我们不得不承认是品牌文化赋予了品牌竞争能力和动力,同时也构筑了品牌核心竞争力的主体。

文化是一种有特色的生活方式,同时也是一种设计与传播的载体。进一步说,在现实社会中衡量品牌传播是否成功,最可靠的依据就是看它对现行文化的渗透程度。如图4-8所示,加州牛奶加工者顾问委员会的"有牛奶吗?(Got Milk?)"系列品牌广告活动就是一个成功的案例。"有牛奶吗?"这是一句人们日常生活中毫不在意的话语,在经历了一系列品牌推广活动后,它一度成为美国家喻户晓的口头禅。人们在电视节目中俏皮地说它,人们自发地将它印在T恤上,甚至在涂鸦的墙壁上都能看到它的影子。从过去习以为常地喝牛奶进而以一种"仪式化"的方式来消费牛奶,这是一个相当戏剧化的过程。直到现在,人们一听到"有牛奶吗?"马上就会联想到那一系列品牌传播活动,而这一活动的倡导者——加州牛奶加工者顾问委员会也给人们留下了深刻的印象。

图4-8 "有牛奶吗?"整体品牌形象设计与传播掠影

不管从一个品牌推广的商业行为演变成为一种"喝牛奶的文化"看起来有多么不可思议,"有牛奶吗?"如今在美国确实已经成为一句颇具文化内涵的问候语。这个例子有力地证明了设计能够形成与文化的互动。客观地说,文化与设计的互动体现了品牌跨文化传播的目标,也是品牌跨文化传播的一个重要方式,它改变了以往在跨文化传播中强调"适应"的被动方式,转而把对文化自主性的开发作为品牌传播的主要动力,因此它能够妥当地应对文化的差异与同一所带来的利弊问题。

设计所形成的互动性传播有这样几个关键点:首先,设计的过程中必须充分考虑到文化的因素,尤其是给特定文化氛围中的人以充分的关注、尊重与理解,用他们的方式来思考,体会他们的思想与情感。在品牌的文化战略中,这是属于对文化的认知与理解阶段。其次,设计的成果必须获得文化的认同,否则就容易在传播过程中"夭折"。因此,设计的成果不能与文化的价值评判标准相悖,必须在遵循这种价值评判标准的基础上寻求创新与发展。这对于品牌跨文化传播来说也是至关重要的。品牌的跨文化传播一方面应体现出对于自身文化身份的理解,另一方面也要善待自己与客体文化间的差异,否则就很难形成平等基础上的互动。最后,用传播的技巧与设计的方式扩大互动传播的影响,并使这种影响在地域和时间上体现出一定的深度和广度,并注重传播效力的累积,也是设计形成互动性传播的重要部分。

4.2.3 形成品牌文化战略的基本思路

4.2.3.1 关于品牌文化战略的共识

品牌战略的形成既要体现时间上的"长",同时也要体现空间上的"远"。全球化趋势使在全球范围内实行统一的品牌文化战略成为可能,而在这方面我们确实已经达成了一些价值观念的共识:

(1)我们几乎都承认纯粹的科学管理是行不通的,理性的思维从某种角度来说是对人性的禁锢,而文化则是一块重要的"试金石"。

(2)我们认识到战略的重要性,同时也肯定战略的形成是一个螺旋上升的过程。

(3)我们认识到竞争的重要性,而这种竞争的机制在国际化的今天也越来越趋向公平。

(4)我们认识到组织文化的重要性,这是对科学管理思想的颠覆。我们希望用更为柔性的方式来解决管理问题。

（5）组织被视为一种开放的系统，它必须与环境（文化）相互作用、相互适应。

从上面这些就战略问题所达成的共识中，我们可以发现，形成品牌文化战略其实有着认识层面的基础。根据这个基础，我们完全可以形成一个有价值的品牌全球战略体系。

如果我们把资源与动态能力作为进行战略创新的入手点，那么我们会形成这样一个品牌文化战略的基本思路，即从资源与动态能力的角度出发，首先，识别和评估品牌的现有资源，尤其是注重包含品牌软价值的资源，如品牌文化；其次，通过文化分析的方式盘点品牌资源，以确保它们没有被忽视或者被浪费掉；再次，提高品牌有形资源的利用率，优化有形资源的运作；复次，把无形资源转化为品牌管理与传播的能力，这是战略创新的核心；最后，将这些经过调整优化后的品牌资源与能力统筹起来，并形成组织记忆固定下来，用知识管理的方式落到实处并动态充实。

4.2.3.2 形成品牌文化战略的基本原则

从上文的论述中，我们可以看到文化战略通过因势利导，提取文化中精髓的、典型的部分作用于品牌的艺术表现，因此，强化文化个性与品牌个性之间的关联，能够形成具有文化意义的品牌设计。图4-9所示的是故宫的系列文创产品设计，其在设计上紧扣年轻消费群体的审美与喜好，立足于传统文化，挖掘其中的创意元素。通过延伸产业链，借助互联网大腕跨界合作和新媒体营销宣传，将自身经典的优质IP[①]成功完成商业变现。对于文化战略的重视其实是差异化传播的开始，在迎合消费者的思想、情感和价值观的同时也形成新的品牌文化。具体来说，不同的文化战略在外形成各具特色的品牌形象，在内也会形成迥然不同的品牌管理风格，足可见其统领全局的作用。品牌文化战略的形成有下面几个原则值得我们注意。

原则一：定力。品牌文化战略的核心思想确定后，必须要用滴水穿石的定力来实现和维护它，盲目地追求"市场至上"会导致战略思想摇摆不定，这就很难形成长远绩效。一旦通过消费者研究对品牌进行严格的定位，那就绝不能轻易更改，一切经营活动都要以品牌战略为原点进行演绎。反观本土的众多品

---

① IP，即Intellectual Property，原意为知识产权。伴随着新媒体的崛起，文化IP已经成为一种文化产品之间的连接融合，有着高辨识度、自带流量、强变现穿透能力、长变现周期的文化符号。

图4-9 故宫文创的系列设计

牌,由于品牌战略思想的定力不够,以致其经营经常受到市场因素的左右而偏离对于品牌精神实质的诉求。这样就出现了品牌广告的诉求"玩时尚",概念主题月月新、年年变的现象,虽然大量资金投入品牌的建设中,但成效甚微。

原则二:规划。规划原则是指规划以品牌精髓为中心的品牌识别。在科学全面地规划了品牌识别之后,品牌精髓才能够得到有效的开发,并与品牌日常传播活动连接起来,于是品牌的管理与传播就有了目的明确的行动框架。规划是将品牌精髓由抽象走向具体的过程。如今任何一个强势品牌都有一个针对性强且具有战略意义的品牌识别体系,这个体系并不局限于视觉领域,而是贯穿于管理与传播的方方面面。

原则三:沟通。沟通是获取品牌忠诚度的重要环节。品牌忠诚度是需要用时间来培养的,一般来说,多层面的互动沟通才能促成忠诚度的提升。我们知道品牌沟通的基础是对品牌精髓所反映文化价值观念的认同,要进行有效的沟通就有必要做大量的消费行为调查。消费者行为的分析与调查在国外已进入成熟期,至20世纪60年代中后期开始,许多品牌研究学者就从多层面、多角度来研究消费者,并做了大量定量研究。在这个基础上,他们将对于消费者的观察纳入品牌管理与传播体系中,成果卓著。例如,20 世纪 60 年代在英国广告公司里出现的"AP"①角色就是一个较好的例证。

原则四:优化。优化是对品牌资源与能力的优化,同时也是品牌理性延伸发展的重要途径。品牌文化战略的一个很重要的工作就是通过对品牌资源与能力的不断优化来形成一个便于品牌延伸发展的构架。我们知道,在单一产品的格局下,经营传播活动都是围绕提升同一个品牌价值而进行的,而产品种类增加后,就会面临很多难题,如处理不当就会造成品牌系统的臃肿,并造成资源的浪费。那么,究竟是进行品牌延伸,让新产品沿用原有品牌,还是采用一个新品牌?若新产品采用新品牌,那么,原有品牌与新品牌之间的关系如何协调?企业总品牌与各产品品牌之间的关系又该如何?等等。要解决这些问题就必须统筹优化。

原则五:积累。品牌文化从某种角度来说是一种积累的结果。积累是在品牌跨文化传播中促使资源与能力增殖的过程,品牌文化战略的形成应该有助于这种增殖的产生。品牌是资源与能力的集合,而构成品牌资源与能力的物质就是品牌的知识。它们是品牌成长的智力财富,这些流动的知识需要以一种便于在组织内外传播的形式固定下来。于是对它们的积累与管理将有助于品牌知识在组织内部的共享与流通,积累实质上是一个信息消化的过程,也是对品牌环境的一种战略性认识。从整体上说,积累能够为品牌的决策提供重要的支持,也能服务于品牌资产的稳定和持续增长。

从上面五条原则我们可以看出,品牌文化战略始终是围绕品牌精髓的价值观念而形成的,品牌文化战略对于跨文化传播的品牌来说意义十分重大。这就如同一个国家首先要制定宪法,然后个人和组织在宪法制约和宪法精神的指引下展开日常活动,并在日益完善的法制进程中推动国家走向民主与富强。只有有了统一的战略才有可能形成行动上的方向和合力,品牌文化战略的形成过程是针对问题、解决问题的实务过程,因此我们不仅要关注品牌文化战略形成后所带来的效益,而且也应该给予战略形成的过程以充分的聚焦。

4.2.4 品牌跨文化的战略合作

近年来经济的全球化趋势使组织原有价值链的复杂程度逐年上升,这种变

---

① 乔恩·斯蒂尔:《广告企划的艺术:AP 是如何改变广告的》,孙宁、刘士平等译,中国三峡出版社 2003 年版,第 1 页。AP,Account Planning,广告企划。

化的结果是弱化了相关组织内部和外部的边缘,直接体现在21世纪以来涌现出越来越多的战略同盟关系。这些同盟的产生带动了组织生态价值链的分化,同时也使组织逐渐朝着网络化模式的方向发展。面对这样的"整合-分化"迷局,传统偶然性理论的战略视野显然已经不能适应战略的复杂性以及组织事务的多层次变化,因此,作为组织重要的价值体系——品牌文化战略需要有一个更为灵活的方式与之相适应,于是品牌跨文化的战略合作就出现了。品牌的跨界联名,是品牌之间跨文化合作的一种典型方式,通过这种方式可以使得不同品牌实现资源共享,并且能够在此基础上获得更为宽广的形象传播效应。如图4-10所示的是农夫山泉与故宫战略合作框架下的品牌包装设计,通过这样的合作,可以使合作双方都能达成经济效益与社会效益的双赢。

图4-10　农夫山泉与故宫的跨界联名设计

我们说品牌的跨文化传播也是对品牌文化自身的跨越,形成品牌文化之间的战略合作。而在战略生态环境中,品牌合作或者说品牌联盟是一种常见的品牌传播策略。例如,比较成功的案例是英特尔公司与世界各主要电脑制造商之间的合作。英特尔公司是世界上最大的电脑芯片生产商,该公司推出的鼓励电脑制造商(如IBM、戴尔)在其产品上使用"intel inside"标识(如图4-11所示)的联合计划,使该标识在很短的时间里曝光次数呈百倍增长。这样的标识如今已成为电脑性能的一个重要体现,而"intel inside"也成了消费者选择电脑的一个重要理由。英特尔公司通过与各大电脑品牌合作,让芯片由一个技术概念转化为一个品牌概念,这也是对自身文化的跨越。我们知道,品牌的合作通常是战略层面达成共识的产物,能够形成合作的品牌往往是处于同一价值链

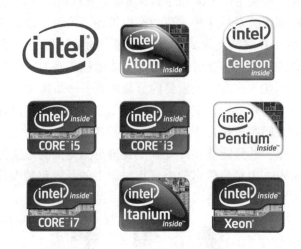

图 4-11　intel inside 标识

上的，或者说是其产品具有互补性，通过这种战略层面的合作不但可以节省资源，而且可以扩充品牌传播的实力。2005 年 5 月 1 日，联想正式宣布完成收购 IBM 全球 PC 业务，成就了一桩品牌跨文化战略合作的美谈，联想也以 130 亿美元的年销售额成为全球第三大 PC 制造商。虽然联想能否真正把握住 IBM 这个"蓝色巨人"还需要时间的检验，但对于中国本土品牌来说，跨越文化疆界进行品牌战略合作是具有划时代意义的。这种战略层面的跨文化是全球经济一体化的必然结果。当然，品牌跨文化的战略合作从某种意义上说也是文化间的合作，它需要面对一系列文化问题。

关于战略跨文化的品牌在品牌合作时应采取一种什么样的态度，柯达全球副总裁曾举过这样一个关于"农夫"和"猎人"的比喻。这位睿智的总裁认为，在中国，柯达是"农夫"而不是"猎人"，因为"猎人"走进森林只是为了捕杀动物，当他猎得所有动物后就会转身去寻找另一片森林，"猎人"只求索取而不予回报。而"农夫"会因地制宜地考虑当地的气候与土壤状况，用辛勤耕耘来换取来年的丰收。在收获的季节，"农夫"会与人共享成果，而且总不会忘记留下一部分果实作为种子以保证可以继续耕种。柯达的这种"农夫"战略文化为它在中国的发展拓展了广阔空间。柯达在中国的成功可以归结为以下三个方面的原因：其一，柯达给予中国文化充分的尊重，因此在"当地化"的过程中，得到了中国员工和消费者的认同与支持，通过文化间的互动产生了具有跨文化特质的柯达文化。其二，柯达的"农夫"战略还体现在柯达对中国乐凯两次巨额投资上。柯达以其博大的胸怀和长远的战略眼光为与中国企业更为广泛的战略合作铺平了道路，柯达真正成为中国企业的患难朋友。其三，柯达在品牌合作乃至文化合作中所流露出的真诚也是有目共睹的，它体现出参与中国经济建设的使命感。在周而复始的耕耘与文化互动中，柯达将品牌的文化观念深深地植入中国消费者的心中。虽然，柯达作为一个已逐渐消失的品牌，在经营策略上乏善可陈，但是柯达在中国的确有颇为闪亮的"笔触"，并且取得过较好的战略合作效果。

品牌跨文化的战略合作在全球经济一体化的今天代表着品牌战略发展的方向，对于中国的本土品牌来说，柯达的"农夫"思想是一个可供参考的典范。柯达的例子再次告诉我们，在品牌的战略中文化是根本，对于文化的理解与尊重将直接影响品牌战略的形式与内容。

4.3 跨文化的品牌文化战略

4.3.1 文化与经济的互动

在一个民族、国家或组织的发展过程中，文化决定了战略的选择。品牌文化战略是使品牌特质与其所属行业的特性顺向一致，并自觉持续发展的一种战略。它对于组织经营业绩有着至关重要的影响，也能给组织带来有形和无形的、经济和社会的双重效益，是促进组织经济增长效率的有效手段和精神动力。因此，品牌文化战略从传播和经营的角度体现了文化与经济的深层次互动。

经济的文化化与文化的经济化常常被认为是"后现代"的特征之一。纵观人类社会的发展历史，经济与文化从来就有着十分紧密的关联，经济的形态直接或间接决定着文化的形态；而文化的形态，包括价值观、宗教信仰等也从深层次上影响着经济的决策与发展。进入新千年后，随着文化消费观念逐渐深入人心，经济与文化的关联也日益受到人们的关注。文化交流的频繁促进经济一体化的发展，而跨区域的经济活动也加速了文化间的交融。经济、文化的协同发展一时间成为时代的主题，但是我们认同文化与经济的相互作用并不等于文化与经济互为衡量标准，我们期待的是文化与经济良性的相互协调机制，而不是将经济和文化的发展互为尺度。其实对品牌文化战略的探讨就是为了寻求这样一种适合中国本土品牌的文化战略体系，将经济的现状与文化的动力有机地结合起来，使品牌在文化的传播和经济的发展方面都能起到推波助澜的作用。

品牌的文化战略可以说是当下经济与文化融合发展的产物，它促成了品牌经济资源与文化资源的流通，也从微观层面再现了当今社会文化与经济系统协同运转的机制，同时也有利于宏观层面上经济与文化的繁荣发展。

如图4-12所示，文化与经济的互动主要体现在四对相关概念中，其中每一对概念的互动在品牌的文化战略中都能够得到充分的体现。

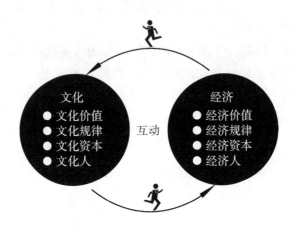

图4-12　文化与经济的互动

4.3.1.1　文化价值与经济价值的互动

文化的价值曾经在过去很长一段时间为经济学研究所忽视，而经济的价值在文化领域中也被视为粗俗和"难登大雅之堂"的东西。其实文化价值与经济价值之间存在着一定的互动关系，这种互动关系在品牌文化战略中能够得到印证。品牌是文化价值与经济价值的复合体。由于品牌是借用艺术手段形象化而进入商品流通领域的，其艺术和文化的成分也随着消费的风格化而成为人们消费和使用的对象，于是品牌所包含的艺术和文化成分就理所当然地具备了价值与使用价值，从而完成了由文化价值向经济价值的转变。而当品牌所对应的产品或服务在进入市场之后参与了交换，并被一定的群体消费，进而形成了具有鲜明识别特征的品牌消费文化时，这种品牌的经济价值也就完成了向文化价值的回归。品牌这种文化价值与经济价值的相互通约关系是文化与经济互动的一个重要例证，而将文化价值经济化、经济价值文化化就是品牌文化战略的基本职能之一。

4.3.1.2 文化规律与经济规律的互动

文化规律与市场经济规律虽然隶属不同领域，但当人们在进行文化生产的相关活动时，其实文化规律已经与市场经济规律形成了交集。市场经济规律在生产的初期就决定了文化产品的创作方式、内容和数量等等，这样一来，市场经济规律对文化形式的发展就产生了影响。而文化规律通过影响文化的主体——人来作用于市场的供需关系，并逐步影响到市场的经济势态，进而作用于市场经济规律。因此，这两个过程构成了文化规律与经济规律的活动循环。需要指出的是：品牌的跨文化传播必须遵循文化规律，同时也必须遵循市场的经济规律，二者都不能偏废。品牌文化战略在一定程度上既需要体现文化规律，又需要尊重市场经济规律。从某种角度来说，对于文化规律的强调与重视就是对经济规律的尊重，因为品牌文化战略的实施过程中可以通过文化规律来洞察市场状态，这是具有宏观层面意义的，从这个角度出发也能够从整体上认识和把握经济规律，为实现品牌价值服务。

4.3.1.3 文化资本与经济资本的互动

由于文化侧重于精神层面，而经济则更侧重于物质层面，那么，文化资本与经济资本的互动就可以引申为精神与物质的互动。精神与物质是一对对应关系，物质总是作为基础而存在，而精神对物质也有着积极的作用。其实文化资本与经济资本也有着这样相互作用的关系，它们不但相互转化而且紧密联系。我们知道，资本这个概念有着两个不可分割的要素，即占有与支配。这两个要素在文化资本与经济资本中都有体现，谁占有足够多的文化资本，那么，它就能对主流文化产生影响，当然经济资本也体现着这种占有条件下的支配权威。因此，占有与支配是文化资本与经济资本转化的动力，这一点在品牌的传播中可以得到有力的印证。品牌的经济资本通过占有市场而支配品牌文化的接受程度，而品牌所占有的文化资本则通过影响消费文化而拥有更多的经济资本。过去，对于品牌战略的研究较多地关注了经济资本的作用，而忽视了文化资本的地位。品牌的文化战略则通过聚焦文化资本与经济资本的互动来强化、补充对于文化资本的关注。对于跨文化传播的品牌来说，单单拥有经济资本是远远不够的，还需要培养有影响力的文化资本，以强化传播的实力。

4.3.1.4 文化人与经济人的互动

这里提到的文化人与经济人分别指的是从事文化创造活动的人和从事经济

生产活动的人。二者的互动关系可以引申为一种协作关系，而这种协作关系在文化与经济互动的今天已经不再陌生，甚至这两种人的职能还会在一个个体中发生重合。文化人"俗化"成为经济人，而经济人"升华"成为文化人的例子也屡见不鲜。品牌的跨文化传播从一开始就是一项团队的协作，因此，它必须实现文化人与经济人的互动，使他们在品牌的传播过程中各就其位、各司其职，才能推动工作的进程。

总之，以上四个方面体现了文化与经济深层次的互动关联，也阐明了在文化战略的范畴中文化与经济互动的具体形式。

4.3.2 文化战略在品牌跨文化传播中的应用

4.3.2.1 "跨文化"赋予品牌文化战略的显著特征

加入世界贸易组织以后，许多成熟的中国本土品牌都面临着一系列"国际化"问题，这些问题从根本上说是围绕文化差异而产生的，而且涉及组织生活的各个环节，并对组织的价值体系产生了深远的影响。其实从表面上看，似乎文化的"围篱"对品牌形成整体战略构成了障碍，但这从另一个侧面也体现了时代对于品牌文化战略的要求：那就是品牌文化战略必须是"跨文化"视野的。因此，"跨文化"赋予了品牌文化战略一些新的特征：首先，品牌更加关注消费者。消费者是文化的构成单元，而品牌总是伴随着文化传播的。我们知道中国的本土品牌有着悠久的历史，我们能从各个时期的文化掠影中发现品牌传播的轨迹。如今对于品牌的理解也从以前商品的"牌子"上升到了文化层面的"印象"，品牌的经营几乎都是围绕建立这种"印象"而展开的。品牌是消费者心中的"印象"，因此只有更好地关注消费者，了解消费群体的文化特征，才有可能形成具有现实意义的战略传播观念，从而长远指引品牌的塑造。其次，品牌作为文化角色发挥着日益重要的作用，这是一个非常典型的特征。中国本土品牌的发展对于改变中国目前文化输入逆差的现状有着不可估量的作用，跨文化的品牌文化战略其目标不仅在于经济，在文化上也体现出一种创新发展意愿。再次，跨文化的品牌文化战略将如何与不同文化交流，尤其是和不同文化的消费者进行情感上的交流放在了品牌经营的重要位置，并通过不断调整文化战略模式来平衡品牌的传播效力。最后，跨文化的品牌文化战略使品牌在管理上不但体现出多元文化协同合作的特点，而且使品牌文化更具文化的凝聚力与包容力。品牌文化的组成上也体现出了多元文化融合的特征。例如，在品牌视觉形象的管理上，它不但融合了组织文化、民族文化的特征，甚至还体现了客体文化的个性特点,当然这种融合并非一定是显性的,其中所蕴含的精神实质体现了一种对于品牌文化价值的认同,正因为有了这种认同才使得品牌的管理与传播能够以文化的方式得以实现。

4.3.2.2 文化战略形成品牌跨文化传播的定位和导航系统

品牌文化战略是品牌跨文化传播的重要环节,这主要体现在两个方面:首先,跨文化传播是一种凭借文化互动的传播,这需要从全方位来理解品牌的文化,并将文化作为传播的重要形式。而文化是一种动态性的复杂系统,因此需要一个具有统帅作用的纲领将传播的核心理念确定下来,以确保其目标的一致性和各部分的协调合作。因此,实施品牌的文化战略对于跨文化传播来说是不可忽视的环节。其次,品牌文化战略提倡柔性管理和互动传播,因此,无论从管理还是传播上,它对品牌的跨文化传播都有着十分积极的作用,并且能够促成品牌的经济资源与文化资源的充分利用。

应该这样说:品牌跨文化传播的主心骨就是品牌的文化战略,它将文化观念融入品牌的传播之中,形成具有深度和广度的战略体系。品牌的文化战略作为一个定位和导航系统包括以下四个子系统(见图4-13):一是传承。任何文化都必须面对自己的历史,品牌文化也是如此,因为只有认识过去才有可能面对未来。二是系统化。即对品牌现有文化进行梳理,认识到自己的优势与不足,这其实是一个文化自省的过程,因为只有通过这种方式才能回答"自己是谁?""应该怎么做?"的问题。三是整合。文化的发展并非孤立的,封闭造成的恶果已经让我们得到了历史的教训。文化的繁荣与壮大总是在文化交流与融通中实现的,对于其他优秀的文化应尊重和吸收,而自身文化的劣根则应坚决地摒弃,

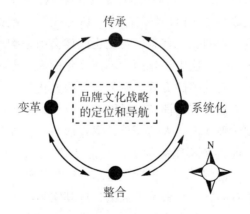

图4-13 文化战略形成的定位和导航系统

这样才能形成良性的文化发展方向。四是变革。变革是一种文化的创新，这种创新来源于对自身文化的深入认识，是文化生命力的源泉。积极寻求品牌文化的创新才能适应跨文化传播的需求，为品牌的文化身份注入新鲜的血液，这样才能与时俱进，应对国际竞争环境的风云变幻。由此看来，文化战略为品牌的跨文化传播提供了方向，毕竟品牌的跨文化传播是一个自觉发展的过程，而文化战略就是品牌在全球化背景下打开生存发展之门的钥匙。

4.3.2.3 跨文化品牌的战略选择

上文提到，品牌的跨文化传播就是以文化方式为主导的品牌国际化传播过程。国际化是现今许多本土品牌发展的目标，而跨文化传播则是实现这一目标的重要途径。我们知道"国际化"是中国加入世界贸易组织后一句家喻户晓的时髦用语，其呼声此起彼伏的现象反映了世界经济一体化和经营全球化给予中国社会的影响。这种影响不仅是行为方式上的，更是意识形态上的，"国际化"的潮流作为时代发展的一种趋势，并不由个体的意愿所决定。中国的本土品牌从其诞生开始，就受着"国际化"大潮的洗礼，在这样的大经济环境中，品牌如果缺乏国际化生存的能力势必影响其生存与发展。那么，品牌的"国际化"到底意味着什么？是简单地在国外设一个办事处，开一个设计机构，取一个洋味浓郁的名字，还是请个外国人做品牌的形象代言人？做到这些就真的"国际化"了吗？其实不然。这些"国际化"的途径反映了追随时髦的虚荣心态，仿佛没有"国际化"的行动就落伍了。我们不仅要将"国际化"视为一种经济行为，更重要的是要将其理解为一种文化的行为。文化方式的"国际化"才是最深层次的，也是影响最持久的。以文化方式建立的品牌"国际化"，需要注意以下五个方面：①就品牌的名称和图形来说，不能在异域文化中有不良联想，不能触犯禁忌，这些都是文化差异对品牌"国际化"影响的表现。②在广告语的翻译中需要尊重双方的文化背景，否则也同样会引来沟通的障碍。③文化差异会引起管理上的障碍。这主要是因为不同文化的人有着不同的价值观，而价值观又影响着他们为人处事的方式。例如，美国文化认为人应该开放、率直地与人相处，沟通就应该直言不讳，这样能够很快了解别人的观点，不需要拘泥于礼节；而中国文化则认为，人若开放、率直地与人相处是危险的，为保持和谐以及避免麻烦，间接和不明确的语言经常是必需的，礼节是有用的；等等。类似于这样的文化冲突例子，在国际化管理中屡见不鲜。④一些当地文化培育出来的品牌对消费者的影响是根深蒂固的，这其实为同类型外国品牌的进入制造了障碍。到目前为止，美国、欧洲和日本进入中国市场的酒类品牌中，几乎没有成功的白酒品牌。这是因为在中国人心目中已经有了大量本土知名的白酒品牌，有的有上千年的历史，有的则有丰富的文化底蕴，所以在这个市场上外国品牌很难有所作为。这说明了区域文化对"国际化"有一种天然的排斥作用，中国的本土品牌在跨文化传播时也可能会遇到这样的尴尬。⑤消费文化也影响着品牌的"国际化"。文化的差异对品牌的定位、包装和色彩的选择，以及展示和沟通策略的运用等都会产生明显的影响。举一个例子来说，在美国，星巴克的选址比较容易，因为星巴克与美国当地的消费文化是合拍的；而在中国，星巴克的选址就相对麻烦一些，他们往往千辛万苦寻找那些大城市中最好的办公楼，因为只有那里的"小资"消费者才有可能对星巴克产生兴趣。这也说明了当地消费文化对于品牌"国际化"的影响。

我们知道"标准化"和"当地化"都是实现"国际化"的战略模式。在研究了国际上成功品牌的发展沿革后，我们可以发现这样一条较为清晰的轨迹，即它们都经历了一个由单纯的"标准化"逐步向"当地化"发展的过程，并努力实现"标准化"和"当地化"的平衡。一直以来，中国本土品牌的传播与发展都有着"标准化"和"当地化"的争论。从文化的角度来看，"标准化"和"当地化"的争论源于文化同一与差异势态对于品牌跨文化传播的影响。我们在上文中提到跨文化品牌不但要适应文化的差异，同样也要适应文化的同一，因此，我们有必要将"标准化"和"当地化"结合起来思考，以得到一个具有广泛意义的品牌跨文化传播的战略模式。

实行品牌传播的"标准化"意味着在全球范围内采用一致的品牌形象与识别，这样才能体现品牌的整体实力。从制造、生产和经营的角度来看，"标准化"是一个不错的选择，但从传播的角度来看，"标准化"未必是好的。首先，标准化的传播虽然很好地应对了文化同一的趋势，但其对文化差异性的适应还存在着"软肋"。其次，"标准化"的品牌跨文化传播方式有着一定的行业局限性，并不是所有行业的品牌都能凭借"标准化"来传播，如快餐业就是如此。从麦当劳和肯德基最近几年来战略模式由"标准化"向"当地化"偏移的趋势来看，"标准化"的确有悖于文化多样性的发展。再次，是否选择"标准化"受到具体品牌性质的影响。一些奢华的汽车品牌，如"宝马"就通过实行全球统一的标准来实现品牌的"国际化"，以强调其品质和文化的一贯性。而同是汽车品牌的"大众"往往会随着当地的经济水平和消费者习惯对其战略做出适当的调整，以体现品牌对当地文化的重视。因此，"标准化"实施与否，关键还是要看品牌对其消费群体的理解。总之，"标准化"的传播方式是工业大生产时期的产物，在消费文化极其丰富的今天，它并不能解决绝大部分的问题；

在提倡人性化的今天，单纯"标准化"的传播方式无疑是对人性化消费趋势的漠视。

"当地化"在品牌国际化传播中能有效地跨越文化的差异。一般情况下，成功的跨文化品牌在中国的"当地化"主要体现在这样两个方面：一方面是利用自身所代表的强势文化，对中国本土文化进行渗透性的改造，如"要爽由自己"的可口可乐和"我就喜欢"的麦当劳，通过这些西方极端自我的文化价值观念来迎合并感染中国的年轻一代；另一方面是不断推进实质性的"当地化"进程，最显著的就是融合当地文化特点的品牌形象的"当地化"，结合相应的公关推广，培育品牌与当地文化的亲和力。例如，春节时，可口可乐在包装上印上国人熟悉的"福"字，还有麦当劳广告中身着唐装的卡通形象，等等。当然品牌形象的"当地化"并不局限于视觉形象的"当地化"，更重要的还体现在品牌的经营上，这主要包括人力资源的"当地化"、设计和开发的"当地化"、制造的"当地化"、品牌营销策略的"当地化"等等。值得注意的是，"当地化"调动起了各种资源为品牌的传播服务，并且释放了品牌在跨文化传播中因为文化差异而带来的压力，因此有着十分积极的作用。但是，"当地化"的战略模式可能会引起品牌对全球战略的重视，其结果会使品牌传播缺乏全球视野而造成资源的浪费。为了避免厚此薄彼现象的出现，"当地化"也需要与品牌的全球战略统筹起来思考。总体来说，"当地化"的进程是不同文化碰撞的过程，同样也是文化由认同走向互动的过程。因此，在"当地化"进程中品牌需要逐步构建自己的文化身份，并不断调整沟通交流的方式，使品牌与当地文化和谐发展。

在市场情境高度复杂的今天，很少有品牌能够用一种战略模式来解决跨文化传播中所面临的所有问题，因此需要有一个战略的结合。"标准化"和"当地化"都是对品牌跨文化传播战略层面的思考，中国本土品牌在国际竞争的环境下需要灵活把握住"标准化"和"当地化"两种基本的战略模式，对品牌战略在文化层面做深入的探讨才能真正塑造起自身的形象。这个形象应该是适应文化差异与同一趋势的，当然也应该是具备长远战略发展意义的。

如今很多跨文化品牌在战略上都呈现出一种"Multi-local"[①]的特征，我们可以将其视为"标准化"和"当地化"结合的产物。一些全球化的快餐连锁企业在既定的全球战略下根据不同区域的特征纷纷推出了自己"本土化"的菜

---

① Randall Frost, "Local Success on a Global Scale," accessed May 2, 2005, http://www.brandchannel.com.

单。例如，在印度，为了适应印度教徒的口味，它们推出了羊肉馅饼；而在荷兰，它们又推出了又了蔬菜馅饼，以适应那里素食主义者的要求。这些都说明有必要用一种动态平衡的观念来面对"标准化"和"当地化"抉择的问题，以适应市场及文化环境的多变。

对于跨文化品牌来说，单纯选择"标准化"或"当地化"都是不明智的，因为二者都存在不同程度的弊端，但是，我们可以根据品牌的具体情境将二者结合并做有所倚重的选择。而决定这个战略模式构架的有四个因素（如图4-14所示）：一是品牌所属行业的特征，这个特征也决定着品牌消费群体的特征。二是品牌经营者的竞争要素，也就是品牌经营者对于竞争优势的把握方式。三是文化要素，这包括品牌的内文化和外文化，以及跨文化传播的主体文化与客体文化，等等，这些文化的价值观对于战略选择都有着直接或间接的关系。四是品牌的愿景，也就是品牌在客体文化中对形象的态度决定着其侧重"标准化"还是"当地化"。总之，这四个因素对中国本土品牌跨文化传播的战略选择都有着十分重要的参考作用。

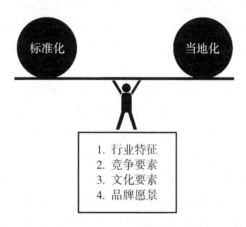

图4-14 选择"标准化"和"当地化"战略模式的四个因素

4.4 战略的落实：跨文化品牌的知识管理体系

无论是"标准化""当地化"，还是二者结合的战略模式，都需要面对品牌知识的问题。品牌是一个知识高度集中的整体，它所包含的知识，其概念既不同于数据也不同于信息，它是品牌设计人员和经营者通过行为和思维方式处理过的数据和信息。但是，品牌的知识并不是简单的数据和信息的集合，而是对数据信息能动筛选处理的结果。我们在上文中提到战略可以视为品牌对自身境遇的一种反应，而品牌的境遇通常又体现为一些数据、信息，因此，跨文化的品牌文化战略的落实就需要一个能对这些品牌知识进行有效管理的体系，而品牌的知识管理体系就具有这样的职能，它一方面把战略形成过程中所涉及的有关品牌跨文化传播的资讯、数据内化处理，在品牌经营组织内部形成流通和共享，另一方面也起到规划战略实施途径并提供智力支持的作用。

4.4.1　对跨文化品牌进行知识管理的依据

4.4.1.1　对跨文化品牌进行知识管理的思想渊源

在中国文化中，对跨文化品牌进行知识管理有着深厚的思想渊源。首先，在中国古典哲学中对知识获取和消化做了认识论层面的阐述。老子在《道德经》中写道："合抱之木，生于毫末，九层之台，起于累土。"[1] 这说明了获取知识的方式是一种有序积累的过程，这样才能产生效应。《礼记·学记》中有云："人之学也，或失则多，或失则寡，或失则易，或失则止。"[2] 这强调了知识在获取中不能贪多而不求甚解，不能安于一隅而局限所知，不能见异思迁而使所学不专，也不能自加限制而不思进取。《论语》中"三人行，必有我师焉，择其善者而从之，其不善者而改之"[3] 的句子也体现了对待知识交流的态度。这些饱含哲学深意的思想，说明了知识管理的重要，尤其是在知识经济时代，品牌想要跨文化传播就必须面对纷繁的文化信息，如何将这些文化信息转化为品牌的知识，从而形成对文化势态的全盘理解与判断，将从现实层面上决定品牌的走向。其次，我们知道人是知识的个体，因为作为经验的知识在人的行为中占据重要位置。因此，规划构筑自身知识结构的能力是判断人素质与行为方向的重要尺度。从能力的角度来理解跨文化传播的品牌，拥有一个系统高效的知识管理体系，无疑是体现品牌核心竞争力优势的重要指标。同时，也决定着品牌跨文化传播能力的高低。

此外，效率优先的管理思想也是对跨文化品牌实施知识管理的重要思想渊源。以社会学家马克斯·韦伯的观点来看，主导资本主义发展的内在线索是体

---

[1]　老子《道德经》第六十四章。
[2]　《礼记·学记》。
[3]　《论语·述而》。

现在社会生活各个领域的"合理化"过程。① 而管理也是这种"合理化"的一种具体体现,管理中的"合理化"的根本目标是效率,为了提高效率而使事物整齐划一是管理作为一种控制手段的基本特征。知识管理在很大程度上能够反映出这种追求效率的管理思想,它不仅要求在知识获取和处理阶段效率最大化,而且要求知识能够在组织内部高效地流通。品牌的跨文化传播作为一种互动传播方式,从某种角度上说其实体现的是一种知识高速流动的空间效应。这种流动不单是品牌与不同文化消费群体之间的,而且也是在品牌组织内部各部门之间的,而这种流动的时效性也恰恰体现了效率优先的思想。

4.4.1.2 对跨文化品牌进行知识管理的基本内容

品牌的跨文化传播是一种关系的互动。对跨文化品牌进行知识管理的基本内容就是对品牌的关系进行知识化的处理,进而使之成为组织可用的资源。上文提到,关系在中国文化观念中是一种重要的传播媒介,从大的方面来说,品牌有两种关系是必须要面对的,首先是品牌的外部关系,它包括品牌与消费者的关系、品牌与竞争者的关系、品牌与合作者的关系。其次是品牌的内部关系,这主要体现在品牌内部管理机制的运作上,它包括部门与部门之间的协作关系、品牌决策与执行的关系。一般来说,品牌的内部与外部关系总是体现在一些数据基础上的,而如何处理这些数据,使其成为品牌决策的依据将是品牌以关系为传播媒介进行跨文化传播的关键。品牌的五种关系如图4-15所示,它们不

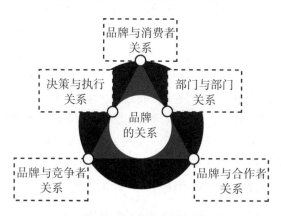

图4-15 品牌知识管理的基本内容

---

① 参见乔治·里茨尔《社会的麦当劳化——对变化中的当代社会生活特征的研究》,顾建光译,上海译文出版社1999年版,第2页。

但具有内外的层次关系，同时也具有上下的层级关系，其中品牌与消费者的关系居于高端位置，而其余四种关系的支撑地位也不可小觑。

4.4.1.3 对跨文化品牌进行知识管理的推动力量

对跨文化品牌进行有效的知识管理是时代的需求，也是各方因素逐渐汇集演化的结果。

就外部推动因素来说，首先，全球化商务和国际化竞争使品牌每天都面对大量的信息，而随着不同文化间合作的日渐频繁，文化资讯成为品牌组织决策层重要的战略决策依据。如何处理好并内化这些纷繁的信息，使其服务于组织的运作将是组织不可忽视的生存之道。其次，消费者日益成熟的消费观念使品牌每天都要应对多样性的消费要求，新颖的产品外观、更好的性能、更高的品质以及更便捷的服务等等，这些都是消费者孜孜不倦的追求，而这些追求总是伴随着更为复杂的文化因素纷至沓来，因此，品牌必须有一整套机制予以应对。再次，在品牌的跨文化传播过程中，品牌总是会面对一些实力强劲的竞争对手，因此品牌就必须通过不断地创新、不断地完善自我学习创新的能力，才能确保其竞争优势。最后，如今更为宽广的资源正等待着品牌去消化利用，而品牌对资源消化利用的能力也直接关系着品牌的传播。品牌需要不失时机地促成不同文化间的战略合作，将资源尤其是文化资源以知识的方式内化并为己所用。

就内部因素来说，首先，在跨文化传播中要求品牌组织内部体现出更高的效率，而原有组织的效率模式正期待着一次深入的变革，组织迫切需要在工作流程和内部信息流动层面上突破效率的"瓶颈"，使组织的效率增长点转向知识密集型的领域，为品牌争取更为广阔的生存空间。其次，组织内部不断提高的技术能力，使得组织对智力资产控制能力的需求日渐迫切，尤其是信息传播技术在组织日常管理中的广泛使用，使通过知识管理的方式进行跨文化的品牌内部协调成为可能。最后，文化管理的思想是继科学管理思想之后在管理理念上的一次飞跃，它是对管理对象——人的一种深入理解和尊重。组织文化能够解决一直以来组织内部隐性知识显性化的难题，而随着人们对知识认知的进一步深入，跨文化品牌的知识管理体系将发挥更为重要的作用。

4.4.2 跨文化品牌知识管理的基本构架

4.4.2.1 跨文化品牌对适应能力的需求

品牌对于文化环境、市场环境的适应能力无疑是跨文化传播的一个举足轻重的问题。文化环境的复杂、市场环境的多变要求跨文化品牌不仅要注重知识的创新，还要能够对知识进行能动的管理。如今，跨文化品牌对适应力需求的紧迫程度是前所未有的。造成这种现象的原因主要有以下三个方面：①信息时代的一个重要特征就是变化的不可预测性，消费群体对于信息的敏感程度大大加强，消费观念的个性化趋势逐渐明显，品牌有计划反应的传播模式已经远远不能适应游离于社会生活各个层面的不确定性，而面对这种日益膨胀的不确定性，品牌需要一种更为灵活的方式来应对变化。②品牌的跨文化传播是对文化障碍的跨越，是文化互动的传播，于是文化因素的多样性直接影响着品牌传播方式的变化。在这样的情况下，文化的复杂性和差异性无疑将是对品牌适应能力的更深层次考验。归结起来，品牌适应能力的基础主要在于品牌经营组织是否有这样一个针对不同文化环境的适应体系。③消费文化的风格化趋势以及数字化消费模式的兴起，使品牌的消费行为更加个性化，这样一来，消费文化也呈现出前所未有的多元特点。基于这种状况，只有承认消费者实际需求存在的不确定性，才有可能为消费者提供量身定制的服务，以期取得良好的品牌推广效果。

不得不承认的是，品牌所面临的不确定性是激发品牌对适应能力迫切需求的根本原因。而为什么会出现如此复杂的不确定性因素群呢？主要有文化原因和经济原因两个方面。就文化原因来说，文化的本质特征虽然说是稳定的，但是当今世界文化间的频繁对话和碰撞使原有文化结构发生了松动，这种松动带来的是文化创新的机遇，但同时也带来了文化创新走向不同方向的自由。各种文化都在寻找自我认识、自我发现的途径，这种多样性的文化发展势态，势必会形成人们文化观念的多元特点。就经济原因来说，如今财富创造的基点出现了转移，尤其进入新千年以后，这种现象逐渐明显。以往的经济大多都是建立在一些有形和相对稀缺资源基础之上的，如土地、能源等，而今天不易损耗、无穷无尽的无形资源——信息与知识成为财富增长的重要基础。这些无形资源表现为符号形式的智力资源，并且可以非常迅速地进行转换和传递，于是品牌所面临的不确定性就在信息与知识高速流动中滋生了。所以说不确定性并非一种匆匆而过的潮流，而是在信息时代经济生活中不得不面对的现实。

4.4.2.2 "制造－销售"模式与"意识－反应"模式的整合

"制造－销售"模式是传统品牌知识管理的模式，在20世纪工业化时代取得了非常积极的效果。上文中阐述了品牌在跨文化传播中所面对的不确定性日臻复杂，因此不可完全用计划管理的方式予以面对。而对于跨文化品牌来说，单纯依赖"制造－销售"模式显然是不现实的，因此，针对不确定性因素的"意识－反应"型管理模式能够起到有益补充的作用。所以，结合两者能将品牌文化战略全面落实，并能一张一弛地为品牌跨文化传播提供全方位的智力支持。

"制造－销售"的品牌知识管理模式是由结构跟随策略的理念所驱动的，如图4－16所示。品牌传播的使命在该管理系统中居于主导地位，其确立是由品牌经营的领导层所决定的。"制造－销售"模式的运转机制是：预设文化与市场环境是可预测的，也就是说，不同文化环境中消费者的需求是可以被充分预测的，那么根据这些预测数据确立品牌管理与传播的使命与展望，由领导层制订相应的战略计划，接着为了促使战略计划能够实施，调整组织的内部结构职能与层级关系，再运用知识管理的工具形成管理的指令与控制系统。在对品牌经营整个过程的管理中实现既定的战略计划，并进入下一阶段战略计划的实施。归纳起来，"制造－销售"模式的基本特征可以体现在以下三个方面：①组织的结构根据传播战略计划而发生改变。②管理人的风格决定着品牌传播的风格。③以对市场的预测为导向，并由此决定品牌传播的方式与进程。从该模式的这些特点中我们还可以看出，"制造－销售"模式的出发点是基于组织展望的，其核心内容是制造与销售，而效率和可预测性是主要的宗旨。这种品牌知识管理模式的优势在于能够确保品牌传播有计划而高效的运作，但其劣势

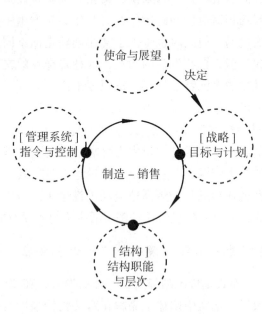

图4－16 "制造－销售"模式

也十分明显。首先，虽然强调以市场为中心的传播，但实质上并非如此。在管理的流程中，由公司领导层确定的展望与战略计划仍然是整个组织机制的主导，于是公司领导层的任何决策失误对于品牌来说都可能是致命的。其次，该模式以市场的可预测性为前提，也就是说，它忽视了市场和文化的不确定性部分，这样一来，当不确定性出现时，品牌就可能自乱阵脚。这对于跨文化传播的品牌来说是极为不利的。此外，由于该模式的整个系统是相对封闭的，事实上只有一个开放口，因此该系统对于消费者需求的反应显得较为呆滞。所以，从结构上看它只可能提供机器化大生产的产品而不可能提供个性化的配套服务，这与消费文化风格化、数字化的趋势的确有些出入。

"意识－反应"模式是一种高度适应的知识管理模式，如图4－17所示。它的驱动力在于品牌所面临的情境，包括市场的，当然也包括文化的。它主要的运作机制是由品牌在跨文化传播过程中所面临的情境为基础，通过调整品牌的目标和相关的战略，并确定适应性结构，以确保品牌对外界市场、文化信息的敏感程度。它根据外部反应的情境模块对品牌内部进行能力的协调，这主要体现在品牌内部适应性结构的调整上，品牌经营组织内部的人员应该通过不断改变自己的行为方式来适应品牌的情境，同时领导层也在适应品牌情境的同时改变情境本身。此外，管理控制在品牌组织的内部以采取委托管理的方式展开，因此管理者要做的是协调委托，而不是支配活动。委托在品牌的外部体现了消费者对于品牌的需求，在品牌内部体现为部门或团队要求协作的信号，我们也

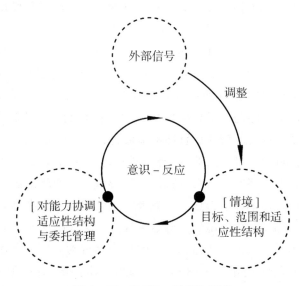

图4－17 "意识－反应"模式

可以将委托视为一种知识协作的需求，组织中每个个体都需要针对这些需求能动地做出反应，而不是在领导者的监督下按部就班地完成。于是领导者的职能就由管"人"转移到了协调"事"上。从对"意识－反应"模式运作机制的描述上我们可以发现，这种品牌知识管理模式在跨文化传播中都有着十分重要的意义，它能够应对文化分析所不能应对的那些不确定因素。"意识－反应"模式的基本特征主要体现在以下三个方面：①品牌工作人员在该系统中考虑的是消费者的反馈，而不是公司的展望。②该系统从结构上看是一个模块化的能力网络，其中包括内部能力和外部能力，品牌所面临的内外情境将决定组织的结构和具体工作的方式。③品牌管理者的职能由"管理"转变为"协调"。从这些基本特征中，我们会发现其优势主要体现在对文化不确定性的应对上，因此，这是一种对文化情境高度适应的知识管理结构，通过这样的结构使得品牌能够很容易地为用户提供个性化的服务。虽然这种管理结构有着前者不可媲美的个性化特征，但是其劣势也十分明显：首先，与"制造－销售"模式相比它显得有些被动，主要是从计划层面上考虑，缺乏计划的系统性和长远性。其次，对于品牌工作人员的素质要求过于理想化，虽然这些可以通过培训的方法来解决，但毕竟不是一蹴而就的事情。因此，在品牌组织内部运作效率和可预测性上与"制造－销售"模式相比就有些相形见绌了。

"制造－销售"模式与"意识－反应"模式是品牌知识管理的两种典型构架，前者是向消费者提供产品和服务，而后者则是响应消费者的需求。前者侧重于大规模的生产和销售，强调效率和可预测性，而后者是模块化定制式的生产和销售，强调个性化的情境服务，因此二者各具特点。综合来看，"制造－销售"模式看起来很像一辆按线路运行的巴士，有着强有力的运载能力但灵活性不够；而"意识－反应"模式则像灵活的的士，没有既定的线路，目的地完全由乘客决定，但遗憾的是它的运载力十分有限。就中国本土品牌的现状来说，跨文化传播是需要战略与战术相结合的，这样才可能有一个宽泛的视野。因此，需要构建一个整合性的品牌知识管理系统来面对全球化文化同一和差异的情境。

从上文我们可以看到，虽然两个模式的内在机制有着迥然不同的特点，但仍然可以优化整合。将两者整合的关键是要形成一个对于品牌所面临文化情境的分析环节，通过这个环节形成一个判断，重新定向知识在品牌组织内部的传送和处理方式。如果文化情境的分析结果具有广泛性则进入"制造－销售"模式，如果结果不具广泛性，或是在一定时期中体现为个别消费者的需求即进入"意识－反应"模式，如图4－18所示。因此，对于跨文化品牌来说，需要建立起"制造－销售"和"意识－反应"两种模式整合的知识管理体系，这样才能

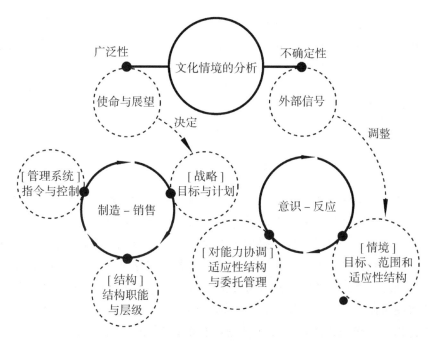

图 4-18 "制造-销售"和"意识-反应"模式整合

适应文化情境复杂的特点,也才能在战略体系的不断完善中形成对文化的创新与发展。

4.4.3 跨文化品牌知识管理的实施层面

鉴于跨文化品牌知识具有复杂性和系统性的特点,我们可以将跨文化品牌知识管理在三个实施层面铺开,即知识来源层面、知识活动层面、知识输出层面,并根据每个层面相对应的项目进行有针对性的管理。

4.4.3.1 知识来源层面

在知识来源层面主要是隐性知识与显性知识的管理。隐性知识主要来源于跨文化的实践经验,知识的主体多半是了解品牌操作并具有跨文化工作经历的个体,他们在工作中积攒了大量的经验,对知识管理有实践层面的看法。因此,他们的隐性知识对于品牌来说价值不菲,但因为个性化和主观化的复杂原因使隐性知识很难在设计团队中实现转移和共享,因此,隐性知识显性化的问题将成为跨文化知识交流的重点环节。区别于隐性知识,显性知识主要来源于组织对客体文化的调研与分析。因为经过调研分析后的知识已经具备了转移和共享的特性，并常常以模块的方式出现在各种类型的调研报告中，所以这类知识容易作用于具体的设计传播决策上。整体来说，对于跨文化隐性知识与显性知识的管理主要体现在这样两个方面：首先是知识入口，即充分扩充隐性知识与显性知识的入口，实现品牌知识容量的整体性扩充。其次是实现隐性知识与显性知识的转化，因此可以在品牌的经营组织中采取具体的知识转移活动来激发隐性知识向显性知识转化。

4.4.3.2 知识活动层面

在知识活动层面主要是采用跨文化实践和培训的管理方法。跨文化实践是指强化品牌设计和传播人员的海外商务旅行和工作的经历，并以此来获取应对文化差异的技能。这是一种"扔到水里学游泳"的方法，设计和传播人员在这个过程中必须自己去面对文化问题，虽然痛苦，但这是一项十分有意义的知识积累活动。与跨文化实践一样，跨文化培训同样也是一项非常有效的管理途径。一般来说可以有下列三种参考方式：第一种是知识提供的方式。其中包括与客体文化相关的知识讲座、跨文化理论课程的讲授等，这种方式往往通过授课、阅读等方式进行培训。目标是提供相关国家商业和文化的背景信息。第二种是情感方式。培训的内容还包括文化模拟培训、压力管理培训、文化间的学习训练，以及强化外语训练等等，培训的方法往往包括案例分析、角色扮演、主要跨文化情景的模拟等等。培训的目标是为了传授有关客体文化的具体知识，并逐步减少品牌设计和传播人员的本位主义和民族中心主义。第三种是沉浸方式。除了以上提及的内容之外，这项培训一般在相关文化环境中进行，并与当地有经验的品牌设计人员进行交流。培训的内容包括跨文化能力评估分析、实地练习、文化敏感能力培训等，目标是实现与客体文化的融洽相处。综合来看，在知识活动层面进行有效管理为品牌跨文化传播提供了不可或缺的人力资源准备。

4.4.3.3 知识输出层面

知识输出层面的管理主要体现在跨文化知识交流平台的建设上。在这一层面中，我们需要在品牌组织内环境中协调实体知识社区和虚拟知识社区两部分的关系。所谓实体知识社区，通常是借由公司的人力资源活动、定期举办的读书会、知识讲座、知识评鉴、专家演讲、教育训练等形式，有计划地促进品牌跨文化知识的分享与转化。而设计与传播人员更可以借由面对面的接触、直接的交谈或交流，在第一时间得到实质性的回馈。值得一提的是，在实体社区互动活动中，要及时地将互动的过程与结果电子化，并储存起来，形成便于转化和共享的显性知识，供品牌设计与传播人员使用。而虚拟知识社区则是透过网络互动平台，以及个人化的使用终端接口，让成员能够在虚拟环境下的讨论区、专栏区、留言板、文件区等虚拟社区交流彼此的观点与想法，并与志同道合的同伴一起针对共同的兴趣或主题进行讨论与协作。一般情况下，虚拟知识社区能够更有效地让隐性知识具体呈现并发挥其功用。

4.5 本章小结

中国本土品牌实现跨文化传播的关键就是要形成有自身文化特点的品牌文化战略，而形成跨文化的品牌文化战略的关键又在于对品牌相关文化进行分析和理解，深入剖析它们与经济的互动关联，这样才能形成一个整体性的战略规划。品牌"方法主义"揭示了本土品牌战略贫瘠的现状，而形成适合中国本土品牌的文化战略需要经历对文化的传承、系统化、整合以及变革四个阶段。一般在跨文化品牌的战略选择上能动地结合"标准化"和"当地化"的战略模式能够有效地应对文化差异与同一的情境。而将品牌的知识管理体系作为文化战略的落实环节，其基础是把品牌视为一种广义上的知识集合体，它既包含经济范畴的知识，同时也包含文化范畴的知识，文中提出的跨文化品牌的知识管理构架不但发挥了文化分析对整体战略和宏观消费预期的积极作用，而且兼顾了微观层面市场机制灵活机敏的特点。因此，知识管理体系为品牌跨文化传播战略的落实起到了很好的智力支持作用。综合来看，文化战略对于品牌的跨文化传播来说是一个统帅性质的纲领，无论从宏观层面还是微观层面，其意义都十分深远。

第 5 章
品牌跨文化传播的实施系统

5.1 基本的原则：实施中的平衡

用平衡的观念来主导品牌跨文化传播的实施系统有着十分现实的作用，它能辩证地面对互动文化间的位置关系，形成一个全面而客观的视角，妥当认识并付诸行动。

5.1.1 文化与经济的平衡发展

文化与经济的互动已是时代的需求，在品牌跨文化传播的执行过程中，我们也能清楚感觉到这种互动关系的存在。在具体执行环节中如何平衡文化与经济的关系也有十分重大的意义，长久以来我们总是习惯用经济的眼光来看待品牌的传播问题，因此不可避免地忽视了文化的作用。的确，市场决定着品牌生存，而从战略高度来看，决定品牌生存的还有文化，因此，我们在跨文化传播的执行过程中有必要将文化放在与经济同等重要的位置，不单单用市场的眼光来看待品牌的传播问题，而更应该用文化的眼光从战略高度来认识品牌的传播，从而实现文化与经济在品牌传播范畴内的平衡发展。

5.1.2 品牌文化与社会文化的平衡发展

品牌文化的母体是品牌所处地域的社会文化，社会文化不但决定品牌文化的具体形态，而且决定着品牌文化的接受程度。作为社会文化的一部分，品牌文化应该符合并积极推动社会文化的发展。此外，品牌文化也在遵循社会文化大价值观方向的基础上，衍生出丰富的文化"意象"，因此它对社会文化的多元、丰富起到了积极的促进作用。所以，我们倡导品牌文化的传播应承担一定的文化责任，要弘扬先进的文化观念，还要体现社会文化的精髓部分。在品牌的跨文化传播中，不但要促进品牌文化的发展，同时也应该为社会文化的发展做出努力，这样才能有效避免在品牌的执行过程中功利化的趋势。

5.1.3 主体文化与客体文化的平衡发展

品牌的跨文化传播不可避免地会面对主体文化与客体文化关系的问题，这个问题会出现在品牌跨文化传播的各个环节中，因此，十分有必要对主体文化和客体文化的关系做一个平衡引导，这样才能形成真正平等关系下的文化互动与对话。跨文化传播的主体文化与客体文化的平衡直接体现在品牌的文化自主性发挥上，同时也作用于品牌文化身份的定位与构建中。一般来说，品牌的主体文化是其生存和发展的土壤，而客体文化则为其提供有益的补充。因此，在品牌跨文化传播中既不应该妄自菲薄地看低自身主体文化，更不应该藐视客体文化，制造文化偏见。

5.2 建立品牌跨文化传播的资产检视体系

5.2.1 与跨文化传播相关的品牌资产

品牌资产是品牌的价值源泉，同时也组成了品牌的信用体系。从某种意义上说，品牌是一种"信用"的标识，也是品牌经营者为了获得"信用"所付诸的行动。它体现了消费者对诚信的渴望，同时也体现了品牌的经营者为了获得诚信所付出的努力。品牌的产品（服务）资产、形象资产、顾客资产、视觉资产、商誉资产与通路资产是品牌跨文化传播时必须注意到的六种资产，如图 5-1 所示，它们是品牌所面临的情境，与社会文化、品牌文化联系密切，通过分析它们就可以有一张清晰的行动地图。

5.2.1.1 产品（服务）资产

产品（服务）资产在一般的观念中被认为是一种技术性资产，与文化的联系乏善可陈，其实不然。产品（服务）资产虽然是品牌的物质部分，但它们凝结了品牌的文化理念。无论是产品的设计概念、命名体系，还是产品的外观、功能、材质以及产品所附带的服务，甚至是以服务为主体的产品等都体现了特定环境下多角度的文化特征。产品（服务）资产作为一种含义丰富的文化资

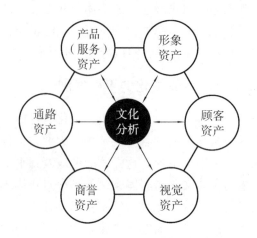

图5-1　品牌跨文化传播的资产检视体系

产，对外体现为消费者的需求，对内反映了组织的技术状态。因此，我们需要充分地重视产品（服务）资产的文化特性，反映在产品系列的命名上，产品（服务）资产也需要体现消费文化和技术文化的双重特征。例如，罗西尼手表的系列产品均用数字型号来命名，这种方式虽然体现了品牌内部的一些技术性指标，却忽视了消费文化的部分，因此弊病十分明显。由于没有将产品技术与消费文化联系起来，忽视了产品（服务）资产是对消费需求的反映，使得消费者不能从产品系列的命名中获取更多关于产品的信息，同时也无法让他们将产品所属品牌与自己的需求联系起来，因而阻断了消费者与品牌之间的情感沟通，从本质上说这是一种忽视产品（服务）资产文化属性的做法。其实，将产品系列的命名符号化是用文化方式强化产品（服务）资产观念的重要方法，而这对品牌的制造和生产体系来说也能起到很好的规范作用。

此外，通过分析和检视特定文化环境中竞争对手产品（服务）的品牌资产，我们也可以事先了解到品牌特定消费者的需求，了解消费群体的文化习性，等等，这些都是品牌跨文化传播重要的参考因素，而通过比较我们也可以发现传播客体与主体的文化差异，针对这些差异我们可以在产品系列的设计与传播中调和或强化这种文化差异以获得良好的传播效果。

5.2.1.2　形象资产

品牌的形象资产是品牌在消费者心中希望形成的，或者说是已经形成的"印象"。对形象资产的检视与分析通常是通过市场调研的方式来实现的。一般的观点认为，品牌的形象资产体现在品牌经营者的一举一动上，其实不然。品牌的形象资产真实地存在于特定的消费群体之中，并且受到文化因素的制约。只有当品牌的价值观、情感、思想与消费群体的价值观、情感、思想吻合时才可能产生对品牌跨文化传播起正面作用的形象资产。而只有将品牌的形象预期与消费者对于品牌的"印象"做对比后，才能得到客观的关于形象资产的评判。跨文化品牌形象资产的获取有赖于对客体文化深层次的分析认识，并有效地建立起品牌文化与客体文化的关联，而洞察特定文化环境中消费群体的喜好就能够得到一个具有广泛意义的结论。形象资产反映了品牌与消费者联系的疏密程度，也决定着品牌与消费者进行情感交流的方式。品牌的形象资产一方面体现了消费者对于品牌的认知，另一方面也体现了品牌的文化身份，尤其对于跨文化传播的品牌来说更是如此。因此，对于品牌形象资产的检视能够形成一种判断，即是否改变或强化已有的形象，并通过系统的品牌形象设计来实现它。需要提出的是，跨文化品牌形象资产的建立并不是一朝一夕的事情，需要在形象塑造过程中不断地认知文化，调整并注入新元素，需要用心的培育，更需要关注文化的发展势态，了解客体文化的走向，这样才能保持品牌形象资产的鲜活。

5.2.1.3 顾客资产

顾客资产是与品牌效益直接联系的品牌资产，它与品牌销售情况直接关联。顾客资产的壮大或流失决定着品牌的命运。从现实层面来看，品牌的跨文化传播就是在争取客体文化中的顾客资产。顾客资产的状况是评估品牌传播效力的一个非常有说服力的指标。具体来说，我们需要关注这样一些问题：基于什么样的原因，顾客开始接触品牌或者不再接触品牌；在目标消费群体中品牌是否被广泛接受；采用何种办法保持顾客资产的稳定；等等，以上这些问题往往是相互联系、牵一发而动全身的。对于顾客资产中这些问题，恰当地加以统筹就会形成一个行动框架，从而作用于整个品牌跨文化传播体系。由于顾客资产能够反映品牌设计、生产、销售、传播各个环节工作的成败，因此，对其检视的结果将直接影响到品牌跨文化传播的战略实施和调整。

一般对于顾客资产的检视往往是通过市场细分来实现的，而市场细分的依据在很大程度上就有赖于对文化的分析与认知。通过文化的分析与认知我们往往能够得到一个大致的顾客资产"地形图"，但需要说明的是，这样的"地形图"是宏观的，对战略层面有一定适用性的，而在战术层面还需要一个更加有针对性的应对体系来兼顾顾客资产中那些不确定的部分，因此上文中提到了

"意识-反应"模式的品牌知识管理体系，就是基于对消费文化多样性和不确定性因素的考虑而设置的。因此，通过上面两种方式我们可以将对顾客资产的检视做得更加全面完整一些。

5.2.1.4 视觉资产

品牌的视觉资产意味着品牌在公众面前是否有一个清晰、一致且独特的视觉效果。从"清晰"的角度来看，视觉资产反映了品牌的精髓，表现了品牌鲜明的个性，尤其是在诉求上体现出了明确的目标。通常一个清晰的视觉形象能够准确地传达品牌的信息，这样才能形成一个基础性的识别，为进一步的互动性传播做出铺垫。从"一致"的角度来看，跨文化传播的品牌遵循的是国际化路线，保证视觉形象上的一致才能在不同地区、不同文化氛围中的传播效果有一个不断累积的过程，特别是在品牌色彩、标识的运用上保持品牌一贯的调性能够形成全角度的品牌视觉形象。而从"独特"的角度来看，在跨文化传播中，品牌差异化地传播视觉形象十分有必要。因为有差异才有可能传播，这种差异是建立在品牌基本符号一致的基础之上的。品牌需要根据不同文化的喜好，在保证其视觉形象基本调性一致的基础上寻求感觉上的一致，这样才能真正诠释跨文化品牌标识的个性。

综合来看，视觉资产对跨文化传播的品牌来说是一个视觉符号的集合，这个集合起到了非常重要的识别作用。是否反映品牌背后的文化以及品牌经营者的远景与价值观念是判定品牌视觉资产价值的重要标准。

5.2.1.5 商誉资产

品牌的商誉资产代表着品牌在特定文化范围内被认可的程度。品牌的商誉资产从某种角度上说是品牌传播的一个效果累积。有以下三种因素与品牌的商誉资产有着十分紧密的联系：一是社会发展的趋势和事件。它们与品牌的商誉有着直接的关系，并受到一定文化价值标准的制约。二是品牌的消费者。我们也可以将商誉资产理解为关于品牌口碑的集合。消费者的口碑通常是品牌最有效、最真实，同时也是最具影响力的传播方式，上文提到 Google 之所以能够在没有庞大广告支持中获得不错的传播效果，消费者的口碑功不可没。三是品牌的社会形象。品牌的社会形象是指品牌在一定的社会中，在特定文化背景下所担任的角色，以及它对社会、文化发展所担负的责任。品牌的社会形象是品牌重要的商誉资产，它使品牌摆脱了市场的疆域而以一种有意识的社会形态存在于现实生活中，享受权利并且承担义务。

对于品牌跨文化传播来说，商誉资产是跨文化传播的一个潜力无穷的资本，同时也是一个奋斗的目标。良性的商誉资产能够减少品牌在跨文化传播过程中所遇到的障碍。而在客体文化中，培育品牌的商誉资产关键在于对这样两个方面的关注，一方面对于社会和文化发展的动向保持敏锐，并予以积极、主动、负责任的回应；另一方面也需要从品牌的自身素质出发，吸收客体文化的精髓并融入客体文化的发展建设之中。

5.2.1.6 通路资产

品牌的通路资产是品牌不同销售渠道的集合。我们也可以将品牌的通路资产理解为品牌接触消费者的途径，其主要涉及品牌的营销网络和品牌在营销网络终端的形象两个部分。从营销的角度来看，品牌的通路资产应体现营销各个环节的配合状态，当然这与销售代理机构内部的经营文化密切相关，也与销售代理机构所处的大文化环境有关。从品牌的终端来看，它是消费者近距离接触品牌的场所，同时也是影响消费者是否选择品牌的关键因素。因此，品牌终端的陈列方式是否给予消费者体验品牌的机会体现了品牌的亲和力和交流素质。品牌不仅要用视觉的、听觉的、触觉的方式营造品牌的体验环境，更重要的是要创造性地营造一种品牌所特有的文化氛围。品牌的通路资产是品牌最具市场价值的资产，同时也折射出品牌与品牌之间激烈竞争的态势。在品牌的跨文化传播中，品牌的通路资产通常受到既定传播战略的制约，需要体现对当地文化与消费者的理解与尊重。

整体来说，品牌的营销网络对于跨文化传播的品牌而言有十分现实的意义，因为涉及特定文化中人际的交往，所以只有保持良好的沟通状态才有可能使营销的各个环节丝丝相连、环环相扣。

5.2.2 文化分析：检视品牌资产的途径

5.2.2.1 品牌资产作为认识品牌文化的窗口

品牌资产代表着品牌与消费者的关联，在检视品牌资产的过程中我们能够发现品牌在传播中的优劣势，从而进一步对品牌的境遇形成客观的判断。从文化角度检视品牌资产是跨文化传播执行体系的切入口，只有对品牌现有资产形成的文化视角的认识，才有可能定义和诠释品牌的精髓，进而作用于各个传播环节。

从文化视角来检视品牌资产是品牌跨文化传播实施系统的开端部分，同时也是系统的末端部分。这个环节是认识品牌文化（包括品牌的外文化和内文化）的窗口。具体地说，与品牌跨文化传播相关的六种品牌资产均包含内外两个层面，外部层面主要涉及以消费文化为主体的文化认知部分，而内部层面则涉及以管理文化为主体的文化认知部分。此外，在对品牌资产进行检视的同时，也能形成对于品牌文化的一个整体性的认识与诊断，并确定解决品牌所面临问题的基本思路。总体来说，品牌文化是一个复杂的系统，而上面所提及的六种品牌资产无疑是认识这个系统的窗口。

5.2.2.2 文化分析作为实施系统的基本工具

文化分析在品牌跨文化传播的实施系统中是一个形成判断和验证判断的有力工具。文化分析的定义与理解文化的角度有着天然的联系，文化一般有三种理解角度：一是"理想的文化"。这个角度是就某些绝对或普遍的价值观而言的，文化是人类自我完善的一种状态或过程。因此，文化分析在本质上就是事物中被普遍认同的一种构成永恒的秩序，它体现了人类状况，同时也是对人类状况的发现与描述。二是"文献式的文化"。这个角度认为文化是理性与感性的集合，而理性与感性的文化事物以不同方式记录着人类的思想和经验。以此为基础，文化分析是一种批评活动。三是"社会的文化"。从这个角度来看，文化是一种对特殊生活方式的描述，这种描述不但体现了艺术和习得中某些价值和意义，而且体现了制度和日常行为中某些价值和意义。从这种定义出发，文化分析就是阐述一种特殊的生活方式，以及这种生活方式所隐含或外显价值和意义的途径。从上面三个角度延伸出来的关于文化分析的理解对于品牌跨文化传播体系都有着重要的价值。主要体现在三个方面：一是从"理想的文化"角度延伸出来的文化分析可以对品牌的现实状况进行观察与描述；二是从"文献式的文化"角度延伸出来的文化分析能为品牌以社会方式的生存提供指引；三是从"社会的文化"延伸出来的文化分析能为品牌消费者的研究提供重要的方法依据。

具体来说，文化分析在品牌跨文化传播的执行体系中起到了归纳和演绎两种基本性作用：从归纳的角度来看，品牌所面对和包含的文化信息都是极其丰富的，面对如此繁复的信息环境，提炼出对于品牌跨文化传播有所裨益的东西并加以归纳，便能够在较短的时间内形成有利于传播的符号概念，这就如同一个"倒三角"的漏斗，有用的信息在"倒三角"的底部进行归纳，并整合成意象的形态供品牌的文化创意所用。图5-2的创意思维是将开瓶器作为特征性的风格符号从酒吧文化中提取出来，并用拟人化的手法来阐述"酒吧中的兴趣话

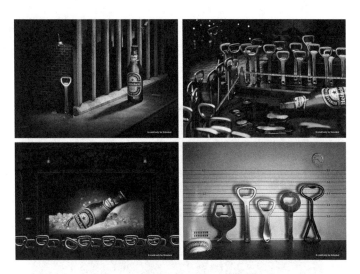

图 5-2 Helneken 啤酒与酒吧文化

题",并让"Helneken"品牌成为这些话题的焦点,从而促进品牌的传播。从演绎的角度来看,品牌在文化分析中所形成的传播概念运用于具体的跨文化传播实践中,同样需要文化分析的作用,因为只有通过分析的方式认清文化的形态之后才有可能以恰当的方式来演绎品牌的概念。这样看来,文化分析就如同一个"正三角"漏斗的顶端,归纳后的信息在其中凝结并且作用于传播的各个环节,体现出丰富的、跨文化的品牌"意象"。如图 5-3 所示,整个过程如同一个沙漏,而文化分析则正是沙漏的中心节点。图 5-4 所示的是巴基斯坦电缆公

图 5-3 文化分析的作用

司的一则品牌广告，在作品中借助文化分析，提取一组预示危险的符号形象，并将这些符号以电缆影子的样式来阐述寓言意义的广告主题，借此来说明使用假冒伪劣产品是十分危险的，告诫用户应该购买正品电缆。

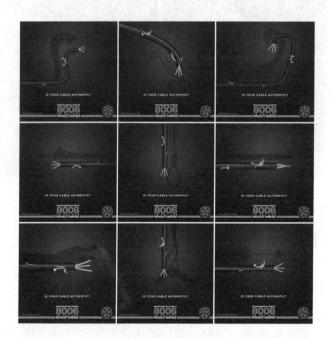

图 5-4　危险的电缆

5.3　建立品牌跨文化传播的执行体系

建立品牌跨文化传播的执行体系实质上是一个动态调整并构建品牌文化身份的过程，这个过程始终处于不断充实与完善之中。而寻找文化的契合点，不断挖掘来自文化的创意是建立品牌跨文化传播执行体系的基本方向。建立品牌跨文化传播执行体系实质上涉及这样两个部分：一是信息的构建部分，包括设计；二是信息的扩散部分，主要指传播。

品牌跨文化传播的执行思路主要包括三个部分（如图 5-5 所示）：一是文化认知和分析部分。这一部分不但包括对主体文化的发现和理解，同时也包括对客体文化的认识与尊重。文化分析是针对文化环境的分析，其作用在于鉴别品牌文化的特质以及与不同文化的关联，并为差异化的品牌传播提供参考数据。

二是文化的比较和文化身份的定位部分。在这个部分中，品牌需要认识到文化差异与同一的部分，然后回答"我是谁？"和"我应该怎么做？"这两个重要问题。三是围绕文化的设计与传播。这是跨文化的品牌文化战略具体化的过程，战略中某些理念将被融入品牌形象的设计与传播中，实现品牌传播与文化的对话。

图 5-5　品牌跨文化传播的执行思路

5.3.1　品牌精髓中的"文化"

5.3.1.1　品牌精髓的确立

品牌精髓是品牌的灵魂。它让消费者能明确、清晰地识别并牢记一个品牌，它是驱动消费者认同、喜欢乃至眷恋品牌的主导力量。品牌的跨文化传播行为必须围绕品牌精髓展开，通过对它做具体诠释与演绎，不断丰富其内涵。品牌精髓是构成品牌资产的基础部分。我们知道宝马的品牌精髓是"驾驶的乐趣"，图 5-6 贴切地传达了这种音乐般艺术享受的驾驶乐趣。与之不同的是，沃尔沃的品牌精髓则是"安全"，这一点我们也能从图 5-7 中看出端倪。从现实角度来看，这些品牌精髓是以消费者为导向的结果，是以满足消费者真实的、长期的需求为核心的，同时也是相对永恒和泛化的，它具有一定的包容性与发展力。对于品牌精髓的挖掘过程，就是对品牌所处文化环境、品牌自身文化的理解过程，同时也是品牌文化身份定位的过程。它不仅从产品的卖点出发，把有关品牌（包括产品的、组织的一切有形的、无形的东西）的价值进行了再发现与挖掘，归纳出一个品牌赖以生存的基点，而且用全方位的传播手段为其注入鲜活的生命力。品牌的精髓主要包括三个方面的内容：一是品牌的价值观，二是品牌的个性，三是品牌的识别。就品牌的价值观来说，它体现了品牌的使命，也就是品牌发展的愿望，同时也阐述了品牌存在的原因。就品牌的个性来说，它是品牌在自我表现和与人沟通过程中所体现出来的独特性格，这种独特性格是易于区别的行为与情感取向。在很多情况下品牌的个性是高度拟人化的，它被赋予了人们的情感。而就品牌的识别来说，它体现了品牌的一个根本性的差异，尤其是针对竞争对手来说，这种差异将决定品牌的生存方式。因此，品牌的识别不是简单意义上的形象识别，而是根植于品牌精髓中价值观的可识别特征。这就意味着这种差异不是孤芳自赏的，而是与消费者情感沟通的结果。从这个角度来看，品牌识别遵循了这样两个基本原则：一是差异，二是关联。

图5-6 崇尚"驾驶乐趣"的宝马

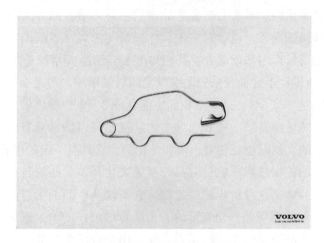

图5-7 崇尚"安全"的沃尔沃

5.3.1.2 品牌精髓的文化土壤

如果说品牌的精髓是品牌的生命之根，那么，这生命之根则必定根植于文化的土壤之中，品牌精髓之所以能够具有传播的特性，是因为它具有鲜明的文化特征。构成品牌精髓的三个主要因素都与文化有着这样或那样的联系，比如品牌的价值观实质上就是与品牌密切相关的人的价值观的体现与延伸，而人的价值观又来源于特定的文化。此外，品牌的个性与识别也与特定文化中的情感、思想、习俗、喜好等因素息息相关。对于中国的本土品牌来说，中国文化中的本体论、认识论和方法论构成了品牌精髓的基本形态，而对于在中国的跨文化品牌来说，这也是它们进行文化互动的支点。例如，上海通用的别克品牌，其精髓是"心静，思远，志在千里"，体现出中国文化中所推崇的文人性格——沉静而厚积薄发，这短短八个字中也蕴涵着中国文化中"仁""智"的哲学思想。别克品牌精髓的"本土化"是一个十分典型的战略跨文化的例子，在这个过程中别克寻找到了中美文化最好的契合点，通过文化互动的方式，用中国的语言与文化符号表述了美国式的"雄心壮志"。这种文化间的尊重与沟通能够最大限度地为品牌的跨文化传播提供润滑作用。别克的例子也说明了品牌精髓的传播效力就源于主体文化与客体文化的交集之中，它是主体文化之精华所在，同时也受到客体文化所认同。因此，如图 5-8 所示，只有在两者文化共同的经验范围内描述品牌精髓才能起到跨文化传播的效果。另外，品牌精髓的挖掘还需要对文化，尤其是消费文化的发展动态有深入的洞察，一般来说，睿智的品牌精髓总是在阐述消费文化的动向。例如，西门子的品牌精髓曾经是"灵感点亮生活"，而现在是"设计演绎生活"，从字面的变化中我们可以感觉到一种由感性向理性的转变过程，它暗示着特定行业中的消费文化逐步趋向理性的特征，是人们对于生活态度的人性化回归，也是一种深度的风格化。具有跨文化传播

图 5-8 主体文化与客体文化

动力的品牌精髓往往是消费者需求整体趋势的真实表达，因此，如何理解消费文化、理解消费文化中的品牌就是确立品牌精髓的关键点。

5.3.2 多元文化下的品牌写真

5.3.2.1 品牌写真的概念

品牌写真就是对消费者与品牌之间独特关系的生动陈述，是品牌精髓的具体化、人格化。品牌写真的目的就是为品牌传播寻找到一个能够形象地体现品牌精髓的入手点，它的形成应以消费者的知觉与态度为基础，是品牌资产文化闪光点的交汇，同时也体现了品牌传播的战略和目标。例如，雀巢咖啡的品牌精髓是"好味道的速溶咖啡"，其品牌写真则是"移动的咖啡馆"。从这个例子来看，品牌写真就是对品牌精髓的生动形象的理解。品牌写真是产生鲜活品牌创意的基础。一般来说，品牌写真有这样三个特点：一是简明，二是真实，三是全面。品牌写真在长度上是几句生动而简明的话语，在意思上体现诚恳和真实的品牌情感，并给予消费者广阔的想象空间。此外，品牌写真体现了消费个体或消费群体对于品牌全方位的理解，具有高度的概括性。因此，品牌写真在文体上更像诗，而不像散文。

品牌写真的内容是对品牌文化身份的生动描述，主要有以下三个方面的内容：一是品牌承诺，体现品牌对于消费者需求的尊重程度，应以产品（服务）的实际品质和目标品质为依托。二是品牌经验，是使用品牌所独有的主观感受，其中也包括在特定文化氛围中消费者对于品牌的情感。三是品牌与消费者的关系，这种关系不单是由消费者自身的观念或经验所构成的，同时也包含了想象中消费者对品牌的看法和理解。整体来看，品牌写真反映了品牌在消费者利益点上所做出的努力。

品牌写真的成形意味着品牌形象化传播的开始。它为品牌精髓赋予了人格力量，并落实到此后为品牌传播所做的每一件事情中。因此，和品牌精髓一样，品牌写真并不会经常地被修改，它们都是品牌跨文化传播的核心文件，具有战略意义，并且能够为后续的执行提供方向指引。

5.3.2.2 品牌写真的文化意义

品牌写真总是在客观地反映品牌的文化状态。例如，中国银行的品牌写真是："中国银行是一位智慧的老人，他用他的聪明才智来管理你的资产，中国银行是财富的保证。"在这短短的一句话中我们可以分析得出，孕育品牌的社会文化是一种垂直型集体主义的文化。① 老人在这种文化中始终是居于权威地位的，他们是一个群体（家庭）领袖，并且受到社会普遍的信任与尊敬。而与品牌传播、管理相关的文化，我们也能在"智慧"和"保证"两个字眼中找到答案。品牌写真从本质上说是一种文化的写真，其中蕴涵着文化的思想、情感和价值观。在跨文化的语境中我们看品牌的写真，其内容反映出了孕育品牌母体文化的真实面貌，而这种面貌又是在其他文化的理解范畴之内的，一方面需要与传播的客体文化的价值观不冲突，并体现出对其的尊重；而另一方面则需要能够为客体文化所理解，在此基础上才有可能形成文化的认同，进而形成跨文化的互动。中国银行"智慧老人"的形象与西方文化中对于老人的理解还是有许多共通之处的，因此以此为基础展开的跨文化传播就容易达成文化间的共识。

具体来说，品牌写真的文化意义在于：首先，品牌写真为品牌的传播，尤其是跨文化的传播表述了品牌的文化身份，这种身份决定着品牌与特定文化中消费者的沟通方式，既体现了品牌的自我期望，同时也体现了他人对品牌的期望。在对品牌文化符号产生共鸣的基础上，强化了品牌自身文化存在的意义。其次，品牌写真的语汇源于文化观念中的本体论、认识论以及方法论，是对孕育品牌的社会文化的理解，同时也是对品牌自身文化的深入探讨。因此，品牌写真不是一个单纯的以市场为主导的认知方式，而是一种复杂的以社会研究为主导的认知方式。所以，品牌写真并不是一种简单的市场宣传口号，它反映出了一种社会文化的面貌。最后，品牌写真将品牌的文化以形象的方式表述出来，为文化间真实而自然的互动奠定了基础，这种互动不仅是语言系统的，同时也是非语言系统和认知系统的，它是文化间深层次的互动。

5.3.3 跨文化的品牌形象设计创意

创意始终是个恒久的话题。其实在我们的生活中，有许多价值丰厚的文化现象。如果能够把它们看成是新鲜的东西，加以活用，是比无中生有更了不起的创造。也许我们没有意识到在我们的脚下埋藏着巨大的矿脉，我们要做的只是训练出一双善于发现的眼睛。其实设计创意就是通过创造与交流来认识我们周遭世界的行为，这一行为旨在发现"信息之美"。如果把"信息之美"喻为一座高山，那么至少有三条攀登路径：清晰、独创和幽默。"清晰"是强调信息的基本品质，"独创"就是用没人用过的崭新方法来呈现信息。"清晰"固然

---

① 参见马丁·J. 甘农《异域文化之旅：体悟 23 个国家的文化象征》，黄华光、徐力源译，当代世界出版社 2004 年版，第 4 页。

是必要的，但仅仅是清晰也无法保证信息被人完全接受。而只有独创的信息表现形式才能引发人们的兴趣，并为之动容，进而接受信息本身。"幽默"代表着层次极高的理解，人们如果不理解内容，是笑不出来的，而那些能够理解信息"幽默"品质的人，才是信息传达的高手。

品牌的跨文化传播是一个需要整体协调的传播行为，因此单单有设计的创意还远远不够。我们应该把跨文化的品牌形象设计创意看成一个系统，系统中每一个环节都影响着整体，有时候细节的确决定着成败。

5.3.3.1 培养跨文化的敏感

跨文化的敏感是从事跨文化品牌形象设计的人员必须具备的基本素质，在通常情况下，我们可以通过一系列训练来完成。但跨文化的敏感毕竟不同于跨文化能力，它属于一种认识意识的范畴，其关键还在于设计师在日常工作中的自我完善。只有对跨文化敏感的要素有了一个深入的理解后，才有可能在设计中诠释文化互动的理念，并形成品牌文化的创新与发展。

培养跨文化的敏感我们可以从下面六个要素入手：

（1）自尊。自尊是一种对自身文化价值的肯定，一个有文化敏感的设计师总是体现出更强的自尊。尤其是在跨文化的设计合作时，这种自尊能够把自信注入与他人的交流与合作中，以此为前提才有可能形成平等的对话和合作。

（2）自控。自控是对他人文化的尊重，同时也是对自身文化劣根的收敛。体现在根据条件限制来规范行为，并通过对话的方式来解决文化间的隔阂。从另一个角度来说，设计师是戴着枷锁的舞者，将限制条件进行聪明的转化才有可能产生创新意义的设计，而抱怨等消极方式只会加深文化沟通的隔阂。

（3）开放。开放是对思维方式上的要求，它不仅强调自愿公开，并且恰当地解释自己，而且对于他人的意见也给予充分的重视。尤其是当文化习惯或理解出现差异时，不是采用隐藏观点的方式来换取设计团队的合作，而是通过公开的方式表明自己的态度，并在听取别人意见的基础上灵活变通地跨越文化理解的障碍，这样才能有助于在国际化的设计合作中构建自己的文化身份。

（4）移情。移情长期以来是作为跨文化敏感的核心要素而存在着的，它是这样一个过程：将自己投身在他人的观点中，进而感受他人的情绪与思想。在跨文化的设计合作时，移情的作用在于能够使设计师从客体文化的角度来看待设计中所出现的问题，这样一方面拓宽了设计师的视野，另一方面也是对客体文化的重视。

（5）互动参与。互动参与是设计团队协作的一种方式，包括响应、感知、专注三个方面：①响应，即对他人观点的反应；②感知，即对他人观点的移情理解；③专注，即对工作的态度。一般来说，设计团队中创意的"头脑风暴"就是对互动参与要素的最佳演绎，在"头脑风暴"会议中，每一个创意想法都能得到充分地尊重，并均被记录在案，以备使用。互动参与在团队的设计创意中发挥着极其重要的作用。

（6）延迟判断。文化问题是错综复杂的，尤其是在面对文化的不确定性时，应该多听取他人的意见，不要轻率、武断地下结论。在通常情况下，对于文化的理解是不可能存在唯一和确定结论的，如果妄下结论就很容易出现曲解和误会，特别是在设计团队中的人员组成是多文化背景时，延迟判断能够保持一种快乐的合作气氛，为深入地了解预留足够的时间。

总体来说，跨文化敏感是设计师在多元文化的设计团队中所采取的必要的处事原则，毕竟设计是一种团队的合作，品牌跨文化的设计更是如此，只有建立理解和欣赏文化差异的积极情绪，才能使设计团队的整体行为恰当、高效。

5.3.3.2 弹性的设计企划

我们在任何设计前总要做一个详尽的设计企划，这样才能尽可能地整合设计资源，统筹设计的方略。对于跨文化的品牌形象设计来说，弹性的设计企划的重要性不言而喻，由于文化问题高度复杂，其中又存在众多不可确定性，品牌在跨文化传播的初期想要面面俱到地对一个具体文化的内涵或文化符号的意义做深入的分析往往是不切实际的，因此，只有通过一个弹性的设计企划，在实施过程中不断充实对事物的理解，并针对具体的文化问题层层深入，才有可能取得良好的效果。

针对问题层层深入的企划机制是一种避免生搬硬套的好办法，不同的品牌有着不同的文化境遇，就是同一个品牌在不同的文化中也需要调整其传播的方式与文化相适应，因此，在跨文化传播的品牌形象设计中树立问题意识十分重要。面对纷繁复杂的设计问题，只要把握住其中具有关键作用的部分，其余的就可能随之迎刃而解。因此，发现问题，并理清问题与问题间的关联，就自然地形成解决问题的企划方案。

设计中的问题是设计过程中应予以充分关注的节点，它们往往体现了设计目标与现实之间的差距，是实现设计目标的必由之路。我们可以将设计理解成一种目标导向性的活动，于是设计的目标就是对设计结果的预期，同时也是对设计各个环节的整体性要求。一般来说，设计目标综合了设计师、客户（使用者）双方的意愿，是设计中主要问题的解决方向。由于设计中的问题与设计的目标有着紧密的联系，因此，二者在设计事务中体现了一种关联的互动关系，设计目标的确立是产生问题的起点，而分析设计中的问题也有助于重新调整和明确设计的目标。就品牌形象的设计企划来说，对设计中已经出现或将要出现的问题进行认识是其中的首要内容，而分析这些问题恰恰就是企划工作的着眼点。例如，手表的"轻"与"薄"是 Swatch 对消费者喜好的理解，图 5-9 便是对这些理解的回应。值得注意的是，对于消费者的理解，往往可以为设计注入更多的灵感，这是一个提出问题、解决问题的过程，同时也是与消费者形成互动的过程。如图 5-10 所示，是 Kuba Disco 耳机的品牌广告，作品所回应的

图 5-9　Swatch 的品牌广告

图 5-10　Kuba Disco 的品牌广告

问题是消费者对耳机佩戴舒适的需求,并在创意上突出了"手工"和"高音质"的产品特点。

把握问题之间的关联也是处理问题的过程。将设计中所出现的问题罗列出来,分析、归类并整合框架化,以此形成设计的目标系统是形成品牌形象设计企划的基本方法。客观地说,针对问题的设计使品牌的设计企划工作有着鲜明的目的性,因为所有设计方案直接针对品牌所面临的实际问题而给出,这样就使得设计提案与品牌实务之间的距离大大缩短。

问题框架化是把握问题关联的重要方法。我们说的框架化是指以树图推导的方式分解问题,如图 5-11 所示,以获得对细节的全方位捕捉。从现实角度来看,建立一种有助于理解和掌握的问题框架系统,能够为后续企划方案的制定提供便利,同时也是判定设计成效的直观参照。问题的框架化能使解决问题的思路更清晰,也能在组织内部形成品牌知识最大限度的协作共享。在跨文化的品牌形象设计企划中,把握问题关联的程度直接影响具体行动方案的制定。一般来说,我们对于问题关联的认知经常会遇到来自各方面的阻力,在这些阻力中最难把控的就是来自我们现有心智模式的影响。因为我们的心智模式不仅决定着我们如何认知周遭世界,还影响着我们如何采取行动。① 在很多情况下,

图 5-11 树图推导方式的分解问题

---

① 参见彼得·圣吉《第五项修炼——学习型组织的艺术与实务》,郭进隆译,上海三联书店 2003 年版,第 202 页。

我们的心智模式会给我们所遇到的问题贴上一个"理所当然"的标签，这种思维的定式往往阻断了我们对于问题背后原因的挖掘。因此，我们在分析与捕捉问题的细节时，应该运用"禅"的观念，摆脱固定认识，回归事物的本原。"禅"讲究明心见性，讲究对当下状态的体悟。人们对名词概念的执着，是阻碍获得正确认知的屏障，因此人们应该打破言语的逻辑，超越后天形成的心智模式，以一种直接的状态去面对问题。所以，从本质上把握问题之间的关联是形成缜密企划方案的关键。对问题的设计其实是把握关联的设计，品牌形象设计是一个相互关联的系统，其中各环节联系的差异形成各具特征的设计系统。大家都知道，在人类所认知的世界里存在着千奇百怪的生物形态，这些生命形态的差别都起源于生物基因组 DNA，如图 5-12 所示，DNA 双螺旋结构中基因排列顺序上任何微小的差别，就能直接形成千万种截然不同的生命个体。因此，平衡优化品牌形象设计系统中各项的关联，才能形成优势的设计系统。

图 5-12　DNA 的双螺旋结构

整体来说，品牌形象设计的企划过程就是清晰、明确地阐述品牌系统中各项问题的关联，对问题的解决方案进行统筹优化的整合，并调动任何可能的物质和非物质资源为形成时效性体系而服务。

我们制定的企划书在面对文化现象的不确定性时可能出现僵化。对未来的控制这一属性，似乎决定了企划始终都得冒些风险。因为人们的认识能力有限，而在不同文化环境中，品牌所面临的情况也一直在变，"计划跟不上变化"的局限直接引出了对品牌形象设计企划弹性原则的思考。弹性原则主要体现在以下两个方面：

（1）调整空间。所谓调整空间指的是在企划过程中存在调整，以及进入实施阶段后仍有调整的可能。企划是反复、循环，不断补充、深化的结果，调整是不可避免的。任何人都不可能先知先觉，因此，在分析进程中存在不断试错、不断修正的过程。为企划存留调整空间的关键在于形成一个开放的系统，能够对外界的刺激直接作出反应。因为只有认识到外界刺激的不确定性时，才有可能形成预留空间的意识。

（2）不要在企划与实施过程之间划上绝对的界限，相反，在二者之间模糊边缘是最好的状态。在实施过程中有必要实时地对企划内容做修改、完善，这样有助于形成一个开放、动态的品牌跨文化传播的系统。企划的目的不在于拿出一纸空文的企划书，而在于使品牌形象设计过程的效益最大化。实施中所出现的很多问题都可能引发新的创意火花，可能需要否定设计的某些想法来迎合文化的现实状况，其实这些都是应该纳入企划中的重要内容。

总之，现实生活是丰富而多变的，任何人都需要为将来预留一点空间，品牌的企划人员并不是在准备一张将要实施的蓝图，然后一成不变地实施下去，而是在规划一种随着跨文化实践而随时改变的形态。因此，弹性原则十分有助于品牌跨文化传播这个动态性体系的确立与发展。

5.3.3.3　来自关联的整体性创意

对于品牌跨文化传播来说，对三种关联的洞察将有助于我们得到一个整体性的品牌形象创意，它们是产品（或服务）、消费者和文化环境，它们之间的结构关系如图 5-13 所示，而图 5-14 则形象地体现了这些关联，图中的绝对伏特加总是能够与各地特征性的文化符号发生联系，这些文化符号代表着消费者的文化观念，也代表着特定的文化环境，还代表着品牌文化本身。

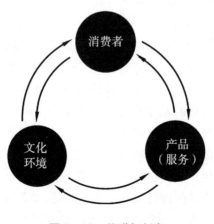

图 5-13　关联与创意

图 5-14　绝对伏特加与各地文化

　　这是品牌形象创意最基础的关联互动。在这一层关系中我们找寻的是品牌的"不变价值",即构成品牌精髓与写真的诱因,也是令产品(服务)成为品牌的原因。形成消费者与产品(服务)之间的关联互动需要通过洞察消费者的期望,从而引发他们的联想,并通过创造品牌与消费者之间文脉联系的方式来营造品牌消费体验的氛围,而不是生硬地一遍又一遍地描述品牌的"不变价值"。因此,在消费者与产品(服务)的互动关联中,只有丰富的联想才能够使品牌形象的内涵更加饱满。

　　消费者与文化环境的关联互动是十分微妙的,文化环境能够作用于消费者的观念与行为,而消费者也能够以群体的方式营造一个新的文化环境。文化能够决定消费者在何时、何地,以什么样的方式消费品牌,而消费者的消费习性也将决定消费意义中文化的基本形态。一般来说,品牌创意需要从生活中寻找素材,而生活中的素材又往往反映了消费者与文化环境之间的互动关联,这种互动关联源自生活,因此更具说服力,并且也能够有效地引起消费者的共鸣。

　　通常情况下,文化环境决定着产品(服务)的接受程度。例如,人们的思想、情感、价值观对产品的设计形态、服务的形式等都有直接的作用。而具有文化影响力的产品(服务)通常也能对文化环境产生深远的影响。例如,星巴克能够把咖啡卖到一个崇尚茶文化的国度中，并且改变那里人们的生活状态是一件不可思议的事情，但这样的事情的确发生了。洞察文化环境与产品（服务）的关联互动将为品牌传播注入持久的活力，而只有品牌形象的创意体现出深厚的文化包容性时才能使跨文化传播达到预想的效果。

5.3.3.4　寻找文化认同的符号

绝对伏特加总是在竭力描述它与各地不同文化之间的关联，这其实是在寻求文化的认同。在图 5-15 中，画面中食物在"双立人"品牌刀具的精雕细琢下显现出一些标志性建筑的形态，其文化特征与品牌文化的适应性也跃然纸上。其实在品牌的跨文化传播中取得文化认同十分必要，它体现为一种先验知识的共享，从尊重价值观到采用相近的思维方式就是典型的文化认同过程。对于音乐的理解，也有这样的过程，图 5-16 是三星智能手机的品牌广告。在广告中将手机的外形特征与乐器的外形特征做比对，通过这种先验知识共享机制，来突出这款手机的音质值得信赖。文化认同是一种文化的认知和理解，它可以体现为对文化的尊重，同时也可以理解为文化的归属感。但形成文化认同必须有一个彼此相通的认知起源，这个认知起源总是蕴藏于人性最基本的情感之中的，同时也是跨越文化疆域的。图 5-17 所示的是徕卡相机在辛亥革命 100 周

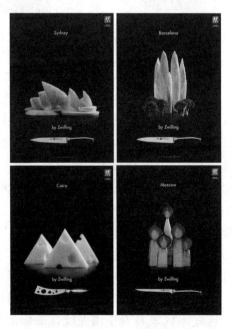

图 5-15　"双立人"刀具与各地文化

图 5–16　三星智能手机的品牌广告

图 5–17　徕卡相机辛亥革命 100 周年纪念版

年时推出的纪念版。辛亥革命是近代中国历史中一个关键的节点，其对于每一个中国人都可谓意义重大。在辛亥革命 100 周年之际，徕卡相机推出相应的纪念版，代表了对中国这一历史事件，乃至中国文化的关注与尊重，这一善意的示好举动提升了徕卡品牌在大中华地区的品牌声誉。正如上文所谈及的文化身份那样，文化认同是一个永远在运作且不会停止的过程，因为人的认识过程总是不断地发展，文化认同的内涵也会随着认知和理解的深度而发生变化。文化认同透过差异而产生，涉及符号学的领域。虽然文化认同是精神层面的概念，但它也需要物质基础的支持。它透过符号而建立，并关联到社会实践的主体。值得注意的是：文化认同的存在并不表示认同的双方之间有着某种输赢的关系，更不存在孰优孰劣的比较。例如，龙在西方人眼中是邪恶的象征，而在中国则象征皇权的至高无上，当西方人穿着中国龙纹样的服饰时，实质上就形成了一种文化的认同，当然这并不代表身着中国龙纹样服饰的西方人就因而被"同化"了，只能说明他尊重且认同中国的"龙文化"。此外，中国的姓氏作为一种符号也能形成一种文化认同，但是这种文化认同却突出表现为一种归属感。例如，中国人名系统中，有一种独特的取名规矩，即同一辈分的兄弟姐妹的名字中都包含相同的一个字，我们称之为"字辈"。同一"字辈"的人通常有着一样的辈分，因此，这个"字辈"的符号决定了人与长辈和晚辈之间的关系，以及他们的行为方式，这种习俗沿袭至今，在中国某些地区仍然流行，这也说明了这种习俗中的人对于其家族文化是有归属感的，也是认同的。

从上面两个例子可以看出，文化认同包括了文化差异与符号共鸣两个方面，可以说这两个方面缺一不可。对于文化差异的认知和对符号的共鸣一起组成了品牌跨文化形象设计创意的基本方法。图5-18是著名的雪糕品牌Haeagen-Dazs在中秋节推出的系列品牌广告，雪糕和月饼从某种角度上说代表着中西文化的差异，而当雪糕盛于以"嫦娥奔月"等与中秋节相关传说故事为纹样题材的青花瓷盘中，并与故事内容发生巧妙联系时，这种基于"文化致敬"的符号共鸣就产生了。对于文化差异的认知其实是在自身文化立场上对客体文化的认知，它能将创意进行"跨文化"的形象化。因此，跨文化传播的品牌只有在理解并尊重文化差异的基础上才有可能形成受大众认同的创意。就符号的共鸣来说，这就意味着在两种文化共同经验的范畴内寻找创意表现的元素，并且尽量使用能够产生文化共鸣的符号来塑造品牌传播的形象。如果脱离两种文化共同认可的经验范围，就有可能产生一些负面效果，甚至扭曲品牌的形象。

图5-18 中秋节Haeagen-Dazs的品牌广告

文化符号通常在传播过程中会增加一些意义，也可能会丢失一些意义，这些符号意义的变化为传播行为带来生机，使得传播本身具备了创造性。从上文的论述中我们知道，品牌本身就是一种文化的符号，而为了符号的意义能够跨文化地为人们所理解，就需要将其转化为媒介中的符号，再通过媒介中的符号进行广泛传播，品牌才能真正成为消费者"印象"中的符号，这就是符号通过重新诠释得以转化并受到认同的过程，如图 5－19 所示。品牌的跨文化传播通过对文化符号的重新诠释，取舍其意义以达到一种文化增殖的效果，从而丰富了其内涵，提升了品牌文化的包容性。重新诠释文化符号其实是对文化符号的本位化理解，即从自身文化的角度出发，通过文化身份的构建，对文化符号进行重新理解并阐述出来，在这个过程中应尽力抛弃固有的，以及那些"理所当然"的观念，重新认识和建立起文化符号的意义，这就是一个破旧立新的创意过程。

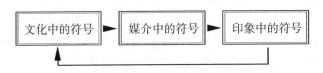

图 5－19　品牌符号的重新诠释

在品牌的跨文化传播中，对于文化符号的重新诠释，其立足点应是品牌自身的文化，而从品牌视角对文化符号的重新诠释是一种创新思维的过程。我们知道，品牌自身文化决定着品牌如何看待客体文化中的符号，而将这些文化符号与品牌精髓恰如其分地联系起来，并且创造性地用形象语言表述出来，这就形成了文化符号的品牌角度理解。文化符号通常体现了特定文化中人们的思想、情感和价值观，它们与特定文化中人们的生活方式有着密不可分的关系，因此，创造性地将品牌形象与文化符号联系起来能够深层次地打动消费者，也能拉近品牌与消费者之间的距离，从而树立起品牌的个性形象。图 5－20 就是一个较

图 5－20　Heineken 的调侃式诠释

为典型的例子，图中用了一个图像序列阐述了一个历史故事，故事的内容因为 Helneken 啤酒而发生了一些戏剧性的变化，这种调侃式的重新诠释在一定程度上迎合了酒吧中话题调侃的轻松氛围。图 5-21 是李维斯牛仔裤的品牌广告，广告中使用了一组西方文化中精灵的形象，如美人鱼、人马兽等，通过对这些特征性的文化符号进行创造性的诠释，使它们都与牛仔裤发生了某种联系，突出了品牌的传奇色彩。图 5-22 所示的是麦当劳在巴黎的一组品牌广告。炫彩夺目的霓虹灯是巴黎作为一个世界都市的城市特色，也是这个城市独具魅力的景观。在作品中以汉堡、薯条为形状，模仿巴黎夜色的灯光效果，突出了情境、城市文化与品牌行为之间的内在关联。

图 5-21　李维斯的品牌广告

图 5-22　麦当劳的夜间营业广告

5.3.4 跨文化品牌的主要传播工具

5.3.4.1 跨文化的品牌广告

品牌广告是品牌跨文化传播中的重要工具。在很多情况下,广告使品牌在没有直接面对消费者时就有了与消费者交流的机会,这里有两点值得我们注意:一是品牌广告的关联性,二是品牌广告是否能引起受众的共鸣。从广告的关联性来看,品牌广告在表达上(包括形式和内容)能否与客体文化中人们的生活、情感和愿望联系起来,能否让消费者理解和认同广告的诉求,并形成联想十分重要。客观地说,品牌广告作为跨文化传播的工具绝不是一种投其所好的符号堆砌,更重要的是在文化认同基础上对文化符号进行创造性的演绎,最终形成消费者与品牌之间的情感联结。从广告引发受众共鸣的层面来看,也就是说广告中是否具备打动特定文化中消费者的成分。其实广告所引发的受众共鸣从某种角度来说就是一种文化符号的共鸣,而这种共鸣通常在广告创意的初期就需要深入思考并结合特定文化中人们的思维方式进行创意,只有这样,品牌广告才是影响久远的。图 5-23 所示的是诺基亚在南美地区投放的一款经典手机的广告,图中斗牛士泰然自若的神情无疑体现了产品使用便捷的特点。而斗牛场的场景描述也与当地的文化紧密关联起来,从而最大限度地引发了人们的

图 5-23 诺基亚与斗牛士

共鸣。除了特定的区域文化场景，特定的事件也能引发共鸣。在纪念人类登月50周年之际，麦当劳推出了如图5-24所示的广告。在画面中，麦当劳与产品的视觉特征表达了对"人类首次登月50周年"这一令人自豪和值得铭记的日子的关注，与具有同样情怀的消费者之间形成了共鸣。

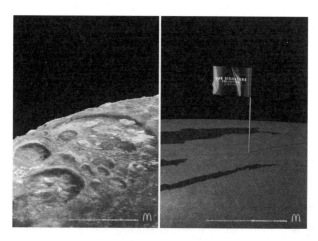

图5-24　麦当劳纪念人类首次登月50周年广告

此外，科学地安排这些广告的播放频次，并有效地结合当地受众的媒体接触习惯，制定全面的，并具有文化针对性的广告媒介投放策略才能真正发挥广告这种传播工具的潜力。

5.3.4.2　跨文化的品牌视觉管理

跨文化的品牌传播意味着品牌传播对象的复杂化和传播范围的扩大化。这样一来，只有对品牌做整合性的视觉形象管理，才能保证其在传播过程中形象的一致性和完整性。整合性的品牌视觉形象管理是对跨文化品牌在视觉上整合规划的结果，其管理对象包括平面、产品造型、空间、影视、动画、虚拟网络等一切涉及品牌视觉推广的各种媒介和信息方式。整合性的品牌视觉管理更注重以品牌文化战略为统帅，并使传播中的品牌形象与企划的品牌形象保持高度的统一。整合性的品牌视觉形象管理系统及运作方案，包括品牌设计项目的实施程序管理、品牌视觉设计质量管理、品牌视觉预算的控制、视觉设计人力资源管理、品牌视觉的评估和培养合适的品牌视觉设计管理人才等一系列子系统。值得注意的是，决定品牌视觉形象的并非品牌的经营组织，而是特定消费文化的风格特征以及消费者的消费方式，因此，与消费文化发展趋势合拍是品牌视觉形象管理的重中之重。毕竟，消费者的文化状态直接决定着品牌的视觉形象，这是一个客观事实。

5.3.4.3 跨文化的品牌事件行销

跨文化的品牌事件行销是针对特定文化中的事件而言的，其主要形态有两种：一是借势，二是造势。睿智的品牌事件行销能够为品牌节省传播的费用，还能够达到广告所不能及的传播效果。跨文化的品牌事件行销，其关键点在于对特定区域的文化进行深入的理解，因为事件总是存在于特定文化背景之中的，而文化背景对事件的发展趋势有着直接的作用。另外，事件中的人也深受文化价值观念的影响，他们的行为是事件发展的动力。跨文化的品牌事件行销需要使事件的价值点与品牌的价值点对等起来，将其中的联系作为媒体宣传的重心才能抓住受众的注意力。因此，充分挖掘事件背后的文化价值，并与品牌的自身文化巧妙地关联起来才能对舆论起到导向的作用，使事件的发展势态朝着有利于品牌传播的方向发展。值得注意的是，跨文化的品牌事件行销牵涉到一个非常重要的概念——品牌的复原力，即品牌对危机事件的反应与应对能力。这意味着必须加强跨文化品牌的预案机制建设，并将文化因素列入反应与应对的环节中，这样才能有效地驾驭事件，并在事件的"涟漪"中完成品牌的行销。

5.3.4.4 跨文化的品牌促销活动

跨文化的品牌促销活动是一种为了达到短期销售目的，在品牌具备一定声誉基础上而进行的一种营销性质的传播活动，其形式总是和特定的品牌性质、产品（服务）以及相关消费文化紧密相连。跨文化的品牌促销活动在形式上总是以消费体验为基础，并通过这种方式与消费者做近距离的沟通。一般情况下，品牌的促销活动通常与特定文化习俗相联系，并且活动的形式与内容总是与文化习俗的形式与内容逐一对应，如节日的促销等，有时候节日的文化习俗就是品牌促销活动不可多得的创意源泉。因此，跨文化的品牌促销活动需要建立在全面了解当地文化习俗的基础上，并抓住一切可能的机会来加深品牌与客体文化之间的情感。

5.3.4.5 跨文化的品牌直效行销

跨文化的品牌直效行销是将特定文化中的传播对象界定在"个人"的基础之上，并与之展开一对一的沟通。直效行销需要有品牌知识管理系统作为支撑，主要原因在于：首先，传播对象的界定在品牌直效行销中居于基础性的地位，而传播对象的界定则需要对消费者做全面的分析,处理如此庞大的数据群只有以高效的知识管理系统为依托才可能实现。其次,直效行销的特点是品牌信息传播的一对一,这样有助于对品牌的接受、购买和使用过程做全程的跟踪,能够及时发现问题、解决问题,而上文中所提到的"意识-反应"模式的品牌知识管理系统,就能够实现品牌为消费者提供个性化服务的愿望。从传播的角度来看,直效行销有效地减少了传播中资源的浪费,使得广告的千人成本①降低而信息的到达率提升,因此其传播效用不可小觑。而就品牌的跨文化传播来说,直效行销十分有助于收集第一手的消费者资料,还可以将其与文化调研结合起来,为文化分析微观层面的研究做资料的补充。

5.3.4.6 跨文化的品牌公共关系

跨文化的品牌公共关系是品牌在传播过程中传者与受者之间的关系,这种关系与品牌的资产有着直接或间接的关联。从另一个侧面来说,我们也可以将品牌的公共关系视为传者与客体文化的关系,其发展方向应是从文化认同到文化互动。跨文化的品牌公共关系集中体现为品牌在客体文化中的形象问题,这种形象体现在品牌文化与客体文化的关联上,它们是否有交融?品牌在客体文化中是否承担文化责任?品牌文化与客体文化是否具备价值对等的交流?等等。一般来说,品牌的这种公共关系能为跨文化传播建立起良好的氛围,因此也很重要。

整体来看,品牌跨文化传播的执行体系(见图5-25)是一个以品牌精髓为核心的结构,从内至外包括品牌的写真、品牌创意,最后落实于各种传播工

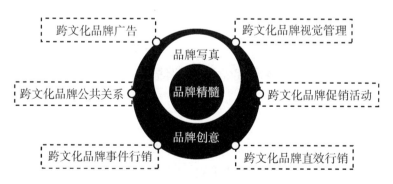

图5-25 品牌跨文化传播的执行体系

---

① 千人成本:一种媒体或媒体排期表送达1000人或"家庭"的成本计算单位。

具中，这是一个品牌文化精髓逐步外化的过程。

5.4 建立品牌跨文化传播的评估体系

在品牌跨文化传播的实施系统中，评估监控体系是一个承上启下的关键性环节，在它的推动下能形成效力循环递增的效应。这主要体现在它不但在传播的循环体系中起到了连接的作用，更重要的是它能对特定文化中消费者的需求做出及时的动态反应，并通过反馈作用于跨文化传播的各个环节。客观地说，评估体现了整个实施系统的互动、开放的特性，它能够使消费者参与到品牌的设计、传播，甚至是经营中来。此外，通过它对各个环节做出的评估也能论证各个环节的可行性。评估体系的结构如图5-26所示。

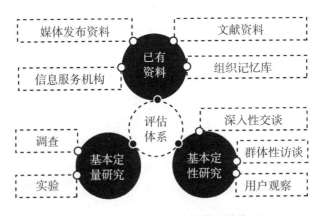

图5-26 品牌跨文化传播的评估体系

5.4.1 从已有资料研究做出的评估

5.4.1.1 媒体发布资料

媒体发布的资料具有很强的文化分析价值，它描述着区域中人们的生活状态，体现着人们的思想、情感、价值观，因此，是不可多得的研究文化的资料。媒体发布的资料对于品牌来说，可以分为与品牌直接相关的部分和间接相关的部分。一般来说，直接相关的部分很容易被发现，而间接相关的部分则需要借助跨文化的敏感来辅助。在研究媒体发布的资料中，我们可以了解品牌消费群体的特征以及品牌在该文化中的地位与状态,品牌传播空间和所面临的契机,等等,这些都能为品牌创意提供启发。此外,媒体发布的资料也能为文化发展的势态提供一些迹象,还能对品牌的战略研究起到很好的促进作用。

5.4.1.2 文献资料

文献资料是文化沉积后的结果,是一定地区、一定时期文化状况的记录,我们通过文献资料能够了解到一个文化区域的过去、现在,甚至是未来。因此,在品牌的跨文化传播中,文献资料的研究能够从整体上对品牌传播的客体环境做出一个宏观性的评估,甚至还可能触及一些文化深层次的东西,这为品牌传播与文化进行的互动奠定了基础。因为从文献资料所做出的评估结果是具有广泛意义的,涉及物质与精神的各个方面,所以它有助于品牌跨文化传播整体策略的制定,也能为品牌的决策提供参考模本。

5.4.1.3 信息服务机构

信息服务机构所提供的资料具有很强的商业性,并且能够很直观地反映市场的动向。一般来说,信息服务机构所提供的信息总是具有相对时效性的,因此,有助于形成品牌短期战术性的传播行为。鉴于这种情况,对信息服务机构所提供的资料做评估需要有鲜明的战略立场,否则就很容易让品牌拘泥于短期效益而被市场拖着走。因此,我们在对信息服务机构的资料做评估时有必要采用自主性的思维方式,才能真正地将信息资料能动地转化并为己所用。

5.4.1.4 组织记忆库

组织记忆库是品牌组织所掌握的数据、资讯的汇集场所,其主要内容涉及品牌经营情况和市场情况,还包括品牌组织内部的管理机制等,这些都是对品牌的传播状况做评估的第一手资料。虽然组织记忆库中的信息与资料可以直接用于品牌的传播策略,但我们仍需要有一个严谨的态度对其进行评估。要努力发现这些数据资料背后所蕴藏的品牌真实状况,要将组织记忆库所反映的情况与市场调研所反映的情况做出一个客观的类比,切忌被组织记忆库中的"伪"信息所蒙蔽。

5.4.2 从基本定量研究做出的评估

基本定量研究是一种评估跨文化品牌传播效力的基本工具。定量研究意味着我们需要通过一定数量的数据来进行分析。因此,定量研究的关键在于两个方面：一是研究模本数量的大小和分布情况是否具有广泛的代表性，二是将信息量化的方式。基本定量研究的方式有两种：一是调查，二是实验。

5.4.2.1 调查

调查能够大规模地收集数据，其形式多样，常见的方式有调查问卷、电话回访等。通常情况下，调查总是不受人欢迎的，因此，需要充分考虑到特定文化氛围中人们的喜好和兴趣，尽量不触及文化的禁忌。此外，调查的界面设计，如问卷的设计也要充分考虑到文化的习惯，体现对于当地文化的尊重，尤其是宗教信仰。问卷的形式自然应该采取客体喜闻乐见的形式，但值得一提的是，调查问卷的美学因素应该是建立在其功能基础之上的。此外，为了得到真实的调查结果，我们还应充分考虑让消费者在自然状态下进行调查问卷的填写，其实睿智的问卷调查就是一个文化互动的过程，应尽量避免一问一答的生硬提问。一般来说，问卷调查的时间应尽量缩短，这样才能有效地避免被访者的厌倦情绪。

5.4.2.2 实验

实验也被广泛地运用于跨文化品牌传播的效力评估中，特别是在一些形象美学要素的评估上。在现实中，我们实验的方式通常在一个可控制的环境中操纵识别的变量，并研究它们如何影响人的反应。例如，为海尔设计一个二级子标识，我们需要收集不同文化背景的人们对于这个二级子标识的反应，这样就可以在不同文化群体中抽取实验的样本，并让他们参与美学形象的实验。通过观察他们在面对各种二级子标识设计方案时表情的变化，以及收集并量化他们的评价来对现有的设计方案做出一个量化的评估，最后定夺最终的设计方案。一般来说，实验作为跨文化品牌传播的评估方式，有这样几个重要的环节：一是实验样本需要体现文化的代表性，并达到一定的数量。二是实验的环境需要自然而轻松，让参与实验的人能够表达真实的感受。三是实验的步骤和程序设计必须针对不同文化的人做相应的调整，从而避免文化冲突等不协调因素的出现。

5.4.3 从基本定性研究做出的评估

基本定性研究意味着对未公开的数据进行研究，其结果并非量化的，重要的是收集消费者对品牌的看法。一般来看，定性研究对创意和设计观念的评估颇为有效。

5.4.3.1 深入性交谈

深入性交谈是采访者与被访者之间一对一的交流，典型的深入性交谈的时间总是控制在 1 小时之内，方式也十分灵活。深入性交谈能够从微观层面提供一个对跨文化品牌传播方式的有效评估，是对宏观文化分析的一个有益补充。深入性交谈能够发现消费者习性的不确定部分，这些不确定部分就是灵活调整品牌传播策略的依据。另外，深入性交谈能够得到比问卷调查更为详尽的信息，与问卷调查相比，深入性交谈的结果更具有针对性，形象地说：如果说问卷调查反映的是"面"的话，那么，深入性交谈反映的就是"点"。

5.4.3.2 群体性访谈

群体性访谈也是一种重要的评估方式，其参与的人数通常不超过 10 个人，时间不超过 1 小时。群体性交谈能够让被访者摆脱一些不安或局促的心态，在交谈中也能够自然地形成一种群体上的共识，从而明确事物的性质。采访者通常可以确定讨论的提纲，这样有助于把握讨论的主题方向。群体性访谈的人员组成可以在语言相通的前提下选取不同文化背景的人们参与，这样能够收到较好的效果，因为在不同文化背景的人相互交流的过程中，也许就能产生许多跨越文化疆域的想法。

5.4.3.3 用户观察

用户观察通常贯穿于各种评估方式中，应该说这是一种基本的评估方法。用户观察主要是记录品牌消费者在面对品牌或品牌传播方式时的反应，用户观察总是凭借一定的记录设备（如 DV）来达到记录全程的目的，在这个过程中应尽可能地减少对用户行为的干预。不同文化背景的人对于不同信息有着不同的反应，他们的反应同时也体现了文化交流的意义，这也是用户观察这种评估方法的现实意义之所在。用户观察需要观察者对于客体文化有着一定程度的了解，这样才能清晰地解读用户在面对品牌时微妙的习惯性反应。

5.5 本章小结

如图 5-27 所示，品牌跨文化传播的实施系统是对品牌跨文化传播的基本理念，以及从消费文化、文化战略视角研究品牌与品牌传播相关认识的检验。

在这个实施系统中，文化平衡是基本的指导思想，文化分析是基本工具。本章通过文化分析这一基本工具，对品牌跨文化传播的相关资产做了文化视角的检视，进而构建了以品牌精髓为核心的跨文化传播执行体系，并涉及跨文化的品牌写真、品牌形象设计创意，以及品牌跨文化传播工具等实际操作环节的相关问题。此后由一个定性、定量相结合的评估体系为整个实施系统提供评估与论证，所有这些内容共同构成了一个可动态充实的系统。总体来说，品牌跨文化传播的实施系统是一种理论向实践转化的探索性尝试，同时也是对理论可行性的印证。

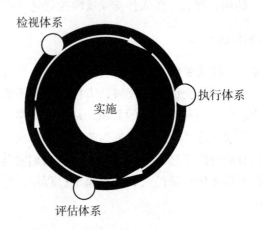

图 5-27　品牌跨文化传播的实施系统

第 6 章
品牌跨文化传播基本理念的反思

6.1 文化在传播中的消极作用

6.1.1 文化形成思维定式

文化是一种特定的生活方式。但从另一个角度来看，文化也是一种无意识地因循守旧的"仪式"。我们知道在同一文化氛围内成长起来的人总是有着相近的思维特性，他们看待周遭世界的方式与观点都颇为相似，这种文化所造就的共性，的确让人们有一种莫名的亲切感和归属感，但同时这种共性也形成了思维的定式，并成为文化传播、创新的障碍。我们要面对这样的现实：那就是如果我们不想成为自身文化的"囚徒"，就必须培养一种"反讽"的思维习惯以超越自身的文化。所谓跨文化传播，也包括对于文化所形成思维定式的跨越。

思维定式存在于同一文化的不同人群之间，同时也出现在同一人在面对不同事物的时候。因此，我们可以判定思维定式广泛存在于我们的头脑之中。它不仅决定着我们如何认知周围的世界，同时也决定着我们采取怎样的行动来应对外界的变化。《列子》中曾经提到过这样一个家喻户晓的故事：有一个人遗失了一把斧头，他怀疑是邻居偷的，便在暗中观察他邻居的行为。几次细致入微的观察后，他觉得邻居怎么看都像偷他斧头的人，一举一动、一颦一笑都那么像。正当他打算找邻居理论时，没想到他又找到了自己遗失的斧头。此时他再看邻居，怎么看都不像是偷斧头的人了。这个故事说明了思维定式影响着我们对于事物的判断和行为，而一切外部刺激进入这种思维定式后都将沿着既定的方向推理，这样一来，客观无一例外地被主观化了。思维定式形成的根本原因是文化。由于我们无法进入"他者"的头脑之中，这种现实的不可知和我们对于客观真实的渴望使得我们不得不进入文化所形成的思维定式的"怪圈"之中，并以此为依据形成判断。在品牌的跨文化传播中，这种根据思维定式进行推理和判断的方式十分危险，尤其是当品牌经营者面对纷繁的跨文化传播事务时，想当然的想法就可能会造成品牌不可估量的损失。因此，我们应该十分谨慎地面对我们自己头脑中的思维定式，用科学的态度来面对跨文化传播中的各种问题。另外，文化所形成的思维定式也不利于品牌创新思维的发展，它从根本上阻碍了品牌或组织对新观点、新想法的容纳程度，并将品牌与外界客观情况隔绝开来，使品牌的视野越走越窄。因此，我们只有摆脱这种文化所形成的思维定式，才能真正地跨越文化的束缚，形成品牌文化的创新。

6.1.2 文化形成的"规范"

英国学者特瑞·伊格尔顿在对比"文化"和"文明"两个概念时提到，"文化"与"文明"都具有这样的功能：它们一部分是描述性的，而另一部分是规范性的。[①] 文化的"规范"作用往往体现为这样两个显著特征：①文化的规范作用是一种潜移默化的过程，它体现为成员自觉或无意识的行为。②文化的"规范"作用是一种受到价值评判标准所左右的行为规则。它具备明显的"双刃剑"特征，因此需要促进其正面作用，同时也要遏制其负面影响。

客观上，文化不可避免地标示着在特定范围内一种普遍接受的生活形态。瑞蒙·威廉斯（Raymond Williams）将这种特定的文化范围视为"与语言的范围成正比，而不与阶级的范围成比例"[②] 的领域概念，如果说语言是约定俗成的，那么，瑞蒙·威廉斯的观点表明这样一个事实，观照"人性"的跨文化传播应是一种自然互动的过程，而并非一种以"规范"为目的的行为，否则传播的性质就会发生质的改变，甚至演化为文化的"侵略"。一般来说，文化的"规范"作用服务于传承，通过这种"规范"作用，文化才能确保其"血统"的核心特质经久不衰，同时也能避免在文化的交流与传播中，母体文化被边缘化或消亡。事实上，文化的"规范"作用在近年来越来越受重视，并广泛地被运用于各种管理科学的实践中，尤其是在解决"有效控制"相关问题时，它能让组织机构自身萌发较高的管理效率，甚至可以实现管理者"无为而治"的梦想。在品牌跨文化传播中，文化的"规范"作用能够让庞大的品牌组织机器以

---

① 参见特瑞·伊格尔顿《文化的观念》，方杰译，南京大学出版社2003年版，第10页。
② Raymond Williams, *Culture and Society* 1780–1950 (London: Penguin Group, 1958), p. 307.

一种整齐划一的、可预测性的方式运作。这样一来，管理的"长臂"就能跨越区域与文化的界限，对任何细小的环节都能发挥强大的管理效能。值得注意的是，文化的"规范"作用虽是管理效能提升的"利器"，但如果这种"规范"泛出边界，就有可能成为一种"文化强权"，进而产生诸多负面效应。

历史上，麦当劳文化就曾作为一种强势"规范"的品牌文化而深受大众诟病。在品牌拓展初期，麦当劳曾经推行过一系列强制性的标准化策略，并以此形成了以效能管理为核心的品牌文化。当时，麦当劳文化主要体现为四个层面的价值诉求：一是"效率至上"，二是"可计算性"，三是"可预测性"，四是"可控制性"。这四个层面的价值诉求包含了麦当劳在跨文化传播中解决品牌管理具体问题时的途径，同时也形成了麦当劳文化的显性表征。从"效率至上"来看，流水作业、强制性的服务流程（员工和顾客都必须遵守），以及简化的产品（牺牲保留营养的烹饪方法，只有有限的选择品种），恰如其分地描述了麦当劳在品牌拓展初期解决"效率"问题的主导思想。在"可计算性"上，精确计算每一道工作流程的时间，精确计算服务所产生的成本与利润，甚至精确计算顾客对产品及服务的感受，通过这样的方式，来推行标准化的管理思路。由于做到了高度的"可计算性"，因此在"可预测性"方面可谓水到渠成，麦当劳所构筑的"万店一面"的景象，使其在品牌形象管理上很快成为行业的标杆。顾客可以在不同时间，世界各地的麦当劳餐厅得到同样的服务与食物，而"可预测性"也让麦当劳成为品质与服务有保证的快餐机构。当然，"可预测性"也是"可控制性"瞄准的目标。为了实现全面的可预测，就需要执行一系列可控制的举措：需要对组织结构进行复制，需要用条文来规范员工行为并使其程序化，还需要提供统一数量和质量的产品与服务等。此外，麦当劳的"可控制性"不仅体现为控制产品与服务的过程，同时也体现在通过技术方式控制顾客的就餐行为上。麦当劳通过这些强制性的品牌管理和消费"规范"，在短短几十年间就跻身全球快餐行业"龙头老大"的位置，同时也形成了颇具特色的品牌跨文化传播体系。

需要指出的是，品牌的跨文化传播实质上是价值观念的传播，其中包含工具价值，同时也包含人文价值。当人文价值被工具价值所贬黜，就会产生难以预计的不良影响，从而折损品牌形象。这些不良影响主要还是体现在麦当劳开疆拓土时期的品牌传播策略上。例如，其强调"效率至上"，为简化工序而采用无视营养的烹饪方式，为简化服务的流程，让顾客花时间清理自己使用过的餐盘；强调一切环节的"可计算性"，也通过量化寻求降低成本且不增加服务的方式以实现利润最大化；强调以"可预测性"为世界各地的顾客提供标准化的食品，但忽视了多样化的饮食需求；强调"可控制性"，虽然方便了品牌管理，但在一定程度上也干涉了顾客就餐的习惯与自由。所以，过于标准化的品牌文化在一定程度上会成为人性的"牢笼"，也正是认识到了这一点，麦当劳在 2000 年之后，采取不少积极正面的举措，来"柔化"过于强势的品牌文化策略。例如，在关注自身效率的同时，也开始在有限的范围内采用相对营养的烹饪流程；通过使用新技术设备减少顾客购餐和等餐的时间；通过精确的计算，为顾客提供相对实惠的套餐组合；通过"可预测性"提供标准化的当地食品，让米饭、粥、油条这些极具中国特色的日常食物也出现在麦当劳的菜单中；通过"可控制性"，不但为品牌管理提供完善的体系，同时也着力提升顾客的就餐环境与就餐体验。这些"柔化"策略让麦当劳的品牌形象发生了质变，使其品牌文化开始在新的消费意识空间中重新焕发出活力。

　　毕竟，品牌文化作为一种有"规范"力的文化形态，需要置于公共领域并接受社会传统、制度与舆论的监督，才不会被"工具理性"轻易绑架，而沦落为只为盈利的"工具"。尤其在品牌的跨文化传播过程中，对不同文化范畴中"人性"的尊重是品牌获得持久跨文化传播效能的关键。这就需要在与客体文化的不断互动沟通中，动态调整那些有悖于人文意识的"规范"，需要在恪守客体文化道德伦理准则的基础上，进行调和的创新，才会形成与文化自洽的品牌竞争力。

6.2　从"走出自我"到"发现自我"

　　从"走出自我"到"发现自我"是对品牌跨文化传播研究的一个理念反思过程。品牌是一种经济事物，更是一种文化事物。站在消费者和品牌组织的"第三者"角度来看，品牌的传播其实是一种文化的传播，它应该是有包容性的，而非强权的，它寻求的是一种和谐的文化互动。互动性传播寻求的是精神与物质的"双赢"，更是文化与经济的"双赢"。从"走出自我"到"发现自我"是对品牌跨文化传播方法体系的精炼概括，在这个过程中需要以一种积极主动的态度去面对全球化的文化，形成对文化发展势态的客观认识。而在将品牌作为文化事物的传播过程中，只有构建中国本土品牌自己的文化身份，妥善解决传播中文化冲突的问题，且落实到品牌的实际运作之中，才能形成真正意义上的品牌"跨文化"。

　　"走出自我"有这样几层意义：首先，"走出自我"是对传统文化的批判与继承。中国的传统文化博大精深，中国的本土品牌也在潜移默化地受到传统文化的影响，体现在品牌传播的方方面面，而传统文化所形成的那些不适应大国际环境的观念让人们颇感忧虑。杨振宁先生在"2004文化高峰论坛"上提出《易经》对中国近代科学技术发展有负面作用的观点曾经在社会上引发了一系列争论。这场争论的社会意义并不是在于杨振宁先生的观点与长久以来"崇尚传统"的观点孰对孰错，而在于它引起了人们对传统文化的反思，这种反思不是偶然的，而是时代的必然。面对国际竞争环境，中国本土品牌的经营者十分有必要形成一种"反思"的意识，其目的就在于摒弃一些陈腐的文化陋习，将文化的精髓作用于品牌的传播观念中，这样才有可能形成文化的创新与发展。

其次，"走出自我"还意味着开拓品牌经营者的眼界。长久以来，品牌的传播始终是一种物化的追求，"为市场而市场"的观念左右着大多数品牌经营者的思想，当然市场是品牌的诞生地，也是价值实现地，关注市场无可厚非，但是市场毕竟还是处于一个文化的社会中，社会的大文化环境决定着市场的形式和内涵。我们说品牌担任着文化的角色，体现着一个时期社会的状况。品牌传播文化，文化也在传播品牌，因此，中国本土品牌现在迫切需要的是走出经济的"自我"，这样才能发现文化的"自我"。

"发现自我"是对中国文化的重新认识，也是文化创新的起点。如今，全球范围内的交流融通是当今文化、经济发展的主题，要促进文化与经济的和谐发展十分有必要"发现自我"。这包含两个方面的意义：其一，"发现自我"是发现自身的劣根性，不断适应时代发展的要求。需要指出的是，这并不意味着摒弃传统，而是对传统的重新发现与批判继承。其二，"发现自我"是发现自身的价值，并在发挥自身潜能的基础上努力实现自身价值，在超越自身中寻求创新发展。"发现自我"是品牌在跨文化传播中重新发现自身文化价值与意义的过程。它意味着从文化自我认识的角度来发现品牌自身的传播价值，也意味着品牌在跨文化传播中不断构建和充实中国文化身份的意义，并且赋予品牌形象以鲜明的文化个性。因此，只有不断地"走出自我"和"发现自我"，才能不断地丰富品牌跨文化传播的内容与实质，才能使跨文化传播的品牌有一个可持续发展的空间。

6.3　本章小结

　　品牌的跨文化传播是一种尊重文化差异的互动性传播。对文化的尊重与互动交流是其中恒定不变的主题。但应该看到的是从某种意义上说，文化对传播也是一种禁锢，体现在文化形成的思维定式会抑制品牌文化的创新，以及片面强调文化的工具理性使文化成为进行野蛮行为"规范"的"牢笼"，等等。在品牌的跨文化传播中要摆脱文化这柄"双刃剑"的负面影响，就需要我们"走出自我"并"发现自我"，在不断发现自身价值的同时，真正实现对于文化问题的跨越。

第7章
结　语

"民族的就是世界的",这个观点在品牌传播领域正遭受质疑。这主要体现在:首先,"民族的"不面对世界,不去适应时代的需求,就不可能成为"世界的"。经济与文化的全球化把所有的品牌都置于一个相对公平的竞争平台之上,如果只关心消费文化的动向,不思考经营观念上的变革,即使是代表国粹的品牌也可能在激烈的市场竞争中败下阵来。因此,中国的本土品牌必须适应国际竞争的法则才有可能得到生存和发展。其次,"民族的"如果不加以传播,不做去伪存真的弘扬,同样也不能成为"世界的"。品牌的传播应该是主动寻求认同的传播,而不是坐等人们"垂怜"的传播。我们说品牌是经济事物,更是文化事物,而文化发展的动力在于以"自我发现""相互参照"为基础的交流,忽略这些发挥文化自主性的交流,就很难引起"世界的"关注,也很难使品牌跻身国际市场。因此,中国的本土品牌毕竟是国际竞争环境下的品牌,这是不能回避的现实,现在如此,将来更是如此。

"市场"这个词语在市场经济盛行的今天是媒体中出现频率较高的一个词语,也是最深入人心的词语。在市场经济中当然市场至上,但市场背后的文化因素才是市场之所以成为市场的根本原因。比如说消费文化的风格化、数字化都暗示着市场的走向以及竞争势态的变化。品牌跨文化传播研究中一个重要的特点就是把以往市场的概念扩大化了,因为市场毕竟只是文化的一隅,其周围还有更为宽广的品牌生存空间。跨文化传播的品牌应该以文化的方式"生存"着,而不是被动地依附于市场而"存在"着,毕竟"生存"和"存在"有着截然不同的意义。所以,把东西卖到国外并不等于是品牌的"跨文化"传播,而真正的品牌跨文化传播是具有文化影响力的,它通过平等对话的方式取得文化的理解与认同,在文化互动的同时构建并丰富自身文化身份的意义,以形成文化自主的传播,而这样产生的传播效果并不是大量广告投放能与之匹敌的。

一直以来,对于品牌传播存在着这样的误解:那就是密集的广告宣传是品牌传播的一剂"灵药"。无可否认,"强传播"必须依仗浑厚的经济实力,而经济实力在品牌传播中确实占据着相当重要的位置,但应该看到这并不是问题的全部。其实品牌传播在很大程度上说是一种文化的关联和情感的交流,消费者如果对品牌文化不理解、不认同,甚至是反感、排斥的话,再密集的宣传也只会收效甚微。有人认为脑白金的成功全倚仗媒体"轰炸式"的宣传,其实在仔细分析了脑白金品牌宣传的资料后,不难发现它将中国文化观念中关于"礼品"和"节日"的文化吃得很透。虽然对于脑白金的成功来说,"强传播"功不可没,但是笔者认为脑白金的"神话"关键在于它对文化的把握。品牌是有思想、情感和价值观念的,而赋予品牌这种人格特质的就是品牌赖以生存的文化。脱离文化的品牌就如同没有灵魂的躯壳,很难有所作为。因此,对于跨文化传播的品牌来说,文化应该是它的核心属性。

对于品牌来说,文化绝对不是附加值,而是最核心的价值。以中国本土品牌现今的整体经济实力来看,仅仅依靠密集的宣传来达到进军国外市场的目的显然不切实际,所以实施文化战略在现阶段应该得到大力地倡导。因为文化战略能够促使品牌的经济资源和文化资源在互动转化中形成一个良好的增殖体系,从而使品牌扬长避短,在跨文化传播中形成整套的长效机制。品牌文化战略是品牌跨文化传播的主导战略体系,它以知识管理的方式将文化基因融入品牌传播的各个环节,并影响着人们的思维观念。可以这样说,中国的本土品牌现今最需要的不单是资金的扶助,更重要的是战略思想的加持。

品牌的跨文化传播是一种消解"文化的围城"过程,需要持之以恒才能有绩效。品牌的跨文化传播又是一种整合性传播的行为,需要结合多个领域的知识,合理调配各种资源,才能增强品牌传播的实力。所以,我们可以将品牌的跨文化传播视为一种品牌的"自我修炼"过程。开发自主品牌在近些年来逐步受到国家的重视,并成为转变中国对外贸易增长方式的重要途径。客观上开发自主品牌,首先是文化的自主,这样才能形成有理念、有战略的发展品牌,才能应对国际市场竞争环境的风云变幻。整体来说,倡导品牌的跨文化传播观念体现了时代发展的要求,着眼于长远的目标,它提供了一个以文化为立足点的品牌传播发展方向。终究,超越竞争对手首要的是方向正确,其次才是比竞争对手跑得快。

附录 本书图片来源

(图片索引日期2020年10月)

第1章 导 论		
图序	图名	图源地址
图1-1	实现本土品牌跨文化传播的基本构想	著者自绘

第2章 品牌跨文化传播的基本理念		
图序	图名	图源地址
图2-1	品牌"文化休克"的四个阶段	著者自绘
图2-2	文化标识的"形"与"意"	著者自绘
图2-3	李维斯品牌的"红标"LOGO	https://logowik.com/levis-vector-logo-121.html
图2-4	李维斯"红标"牛仔裤·鸡冠	https://www.foto-kurier.pl/archiwum_artykulow/wywiady/3-pokaz-702-foto-kurier-na-weekend-tomek-sikora-wywiad-z-foto-kuriera-12-18.html
图2-5	李维斯"红标"牛仔裤·怀旧明星	(上) https://www.dandad.org/awards/professional/1997/bound-method-entryget_jury_title-of-entry-levi-original-wearers/21454/levi-original-wearers/ (下) https://www.luerzersarchive.com/en/features/editors-blog/older-women-as-the-faces-of-high-profile-fashion-campaigns-764.html

续上表

图序	图名	图源地址
第 2 章　品牌跨文化传播的基本理念		
图 2-6	李维斯"红标"牛仔裤·随遇而安	（上）https://www.luerzersarchive.com/en/magazine/print-detail/levis-26074.html
		（中）https://www.luerzersarchive.com/en/magazine/print-detail/levis-26071.html
		（下）https://www.luerzersarchive.com/en/magazine/print-detail/levis-26073.html
图 2-7	李维斯"红标"牛仔裤·旅行着装	https://popsop.com/2011/01/levi%E2%80%99s-i-was-born-for-the-road-less-travelled/
图 2-8	上海城隍庙星巴克的店面外景	著者自行拍摄
图 2-9	内蒙古扎鲁特旗的肯德基店面外景	著者自行拍摄
图 2-10	麦当劳的"我就喜欢"广告语	参见麦当劳官网 https://www.mcdonalds.com
图 2-11	大众汽车的品牌广告	（左上）https://www.luerzersarchive.com/en/magazine/print-detail/vw-volkswagen-crosspolo-34914.html
		（右上）https://www.luerzersarchive.com/en/magazine/print-detail/vw-volkswagen-crosspolo-34916.html
		（左下）https://www.luerzersarchive.com/en/magazine/print-detail/vw-volkswagen-crosspolo-34917.html
		（右下）https://www.luerzersarchive.com/en/magazine/print-detail/vw-volkswagen-crosspolo-34915.html
图 2-12	奔驰汽车的品牌广告	http://www.createbrand.ru/zap/2105/

续上表

图序	图名	图源地址
	第 2 章　品牌跨文化传播的基本理念	
图 2-13	COOPKONSUM 超市的品牌广告	（左）https://www.luerzersarchive.com/en/magazine/print-detail/coop-34343.html
		（中）https://www.luerzersarchive.com/en/magazine/print-detail/coop-34345.html
		（右）https://www.luerzersarchive.com/en/magazine/print-detail/coop-34344.html
图 2-14	品牌跨文化传播的互动系统	著者自绘
图 2-15	汰渍洗衣粉在中国的品牌广告	（左）https://www.luerzersarchive.com/en/magazine/print-detail/tide-(procter-and-gamble)-31840.html
		（中）https://www.luerzersarchive.com/en/magazine/print-detail/tide-(procter-and-gamble)-31839.html
		（右）https://www.luerzersarchive.com/en/magazine/print-detail/tide-(procter-and-gamble)-31838.html
图 2-16	麦当劳的"微笑"	（上）https://www.luerzersarchive.com/en/magazine/print-detail/mcdonalds-9085.html
		（下）https://www.luerzersarchive.com/en/magazine/print-detail/mcdonalds-9086.html
图 2-17	塞浦路斯航空公司的"微笑"	https://www.behance.net/gallery/76727919/Cyprus-Airways-Every-smile-has-its-moment?tracking_source=best_of_behance_big_covers
图 2-18	田七牙膏的"微笑"	（左）https://www.luerzersarchive.com/en/magazine/print-detail/tian-qi-34239.html
		（中）https://www.luerzersarchive.com/en/magazine/print-detail/tian-qi-34241.html
		（右）https://www.luerzersarchive.com/en/magazine/print-detail/tian-qi-34240.html

续上表

图序	图名	图源地址
	第 2 章 品牌跨文化传播的基本理念	
图2-19	雀巢咖啡在中国的品牌广告	（左）https://www.luerzersarchive.com/en/magazine/print-detail/nestle-27691.html
		（中）https://www.luerzersarchive.com/en/magazine/print-detail/nestle-27692.html
		（右）https://www.luerzersarchive.com/en/magazine/print-detail/nestle-27693.html
图2-20	立顿红茶在中国的品牌广告	（上）https://www.luerzersarchive.com/en/magazine/print-detail/lipton-tea-32475.html
		（下）https://www.luerzersarchive.com/en/magazine/print-detail/lipton-tea-32476.html
图2-21	以文化为核心的品牌传播模型	著者自绘
图2-22	品牌跨文化传播的基本理念构架	著者自绘
	第 3 章 从消费文化看品牌的跨文化传播	
图序	图名	图源地址
图3-1	1915年生产的福特T型车	https://www.ba-bamail.com/content.aspx?emailid=22859
图3-2	福特车的生态理念	https://www.sj33.cn/article/ggsjll/print/201106/28215_4.html
图3-3	丰田车的"自然观"品牌广告	https://www.adquan.com/post-2-284978.html
图3-4	丰田车的"适者生存"品牌广告	（上）https://www.luerzersarchive.com/en/magazine/print-detail/toyota-land-cruiser-35483.html
		（下）https://www.luerzersarchive.com/en/magazine/print-detail/toyota-land-cruiser-35482.html

续上表

图序	图名	图源地址
	第 3 章　从消费文化看品牌的跨文化传播	
图 3-5	IOLI 矿泉水的品牌广告	（左）https://www.luerzersarchive.com/en/magazine/print-detail/ioli-34226.html （中）https://www.luerzersarchive.com/en/magazine/print-detail/ioli-34225.html （右）https://www.luerzersarchive.com/en/magazine/print-detail/ioli-34224.html
图 3-6	农夫山泉的品牌包装设计	https://pentawards.com/2019/en/page/winners
图 3-7	大众汽车的品牌广告——"适应"	（上）https://www.luerzersarchive.com/en/magazine/print-detail/vw-volkswagen-36711.html （中）https://www.luerzersarchive.com/en/magazine/print-detail/vw-volkswagen-36709.html （下）https://www.luerzersarchive.com/en/magazine/print-detail/vw-volkswagen-36710.html
图 3-8（a）	Bueno 快餐店品牌"改版"前	参见 Bueno 官网 https://www.tacobueno.com/
图 3-8（b）	Bueno 快餐店品牌"改版"后	参见 Bueno 官网 https://www.tacobueno.com/
图 3-9	大众汽车的品牌广告——"婚姻"	https://www.luerzersarchive.com/en/magazine/print-detail/vw-volkswagen-14862.html
图 3-10	绝对伏特加果味酒的品牌广告	（左上）https://www.luerzersarchive.com/en/magazine/print-detail/absolut-vodka-/-in-house-new-york-32772.html （右上）https://www.luerzersarchive.com/en/magazine/print-detail/absolut-vodka-/-in-house-new-york-33259.html （左下）https://www.luerzersarchive.com/en/magazine/print-detail/absolut-vodka-/-in-house-new-york-32774.html （右下）https://www.luerzersarchive.com/en/magazine/print-detail/absolut-vodka-/-in-house-new-york-32773.html

续上表

第 3 章　从消费文化看品牌的跨文化传播		
图序	图名	图源地址
图 3-11	消费文化与品牌的结构关系	著者自绘
图 3-12	SONY 头戴式耳机——"发型"	（上）https://www.luerzersarchive.com/en/magazine/print-detail/sony-san-diego-14847.html
		（中）https://www.luerzersarchive.com/en/magazine/print-detail/sony-san-diego-14844.html
		（下）https://www.luerzersarchive.com/en/magazine/print-detail/sony-san-diego-14846.html
图 3-13	SONY 头戴式耳机——"发型"	注：图片按从上至下依次排数字序列
		（1）https://www.luerzersarchive.com/en/magazine/print-detail/sony-san-diego-1960.html
		（2）https://www.luerzersarchive.com/en/magazine/print-detail/sony-san-diego-1958.html
		（3）https://www.luerzersarchive.com/en/magazine/print-detail/sony-san-diego-1957.html
		（4）https://www.luerzersarchive.com/en/magazine/print-detail/sony-san-diego-1959.html
图 3-14	克里福德的"艺术-文化"系统	已在页面脚注中标注
图 3-15	"艺术-文化"系统中的品牌	著者自绘
图 3-16	1998—2019 年 iMac 的形态变化	著者自行组合编辑
图 3-17	无印良品的品牌广告	http://art.china.cn/products/2014-09/25/content_7262032.htm

续上表

图序	图名	图源地址
	第3章 从消费文化看品牌的跨文化传播	
图序	图名	图源地址
图3-18	可口可乐符号化的瓶形	注：图片按从上至下依次排数字序列 （1）https://www.luerzersarchive.com/en/magazine/print-detail/coca-cola-5675.html （2）https://www.luerzersarchive.com/en/magazine/print-detail/coca-cola-5676.html （3）https://www.luerzersarchive.com/en/magazine/print-detail/coca-cola-5673.html （4）https://www.luerzersarchive.com/en/magazine/print-detail/coca-cola-5672.html （5）https://www.luerzersarchive.com/en/magazine/print-detail/coca-cola-5677.html
图3-19	MTV标识的符号化演绎过程	参见MTV官网 https://www.mtv.com/
图3-20	苹果体验馆的户外广告	https://www.lbbonline.com/news/mysterious-dancing-giants-revealed-to-be-larger-than-life-apple-ads
图3-21	"提线木偶"茶包的体验设计	https://jbh.17qq.com/article/gffsmnmny.html
图3-22	"冰嬉"书签的体验设计	https://www.weibo.com/ttarticle/p/show?id=2309404458457154584607
图3-23	消费体验需求的四个层次	著者自绘
图3-24	随时随地感受星巴克的气氛	（上）https://www.luerzersarchive.com/en/magazine/print-detail/starbucks-27688.html （中）https://www.luerzersarchive.com/en/magazine/print-detail/starbucks-27689.html （下）https://www.luerzersarchive.com/en/magazine/print-detail/starbucks-27690.html

续上表

图序	图名	图源地址
第 3 章　从消费文化看品牌的跨文化传播		
图 3-25	奥迪品牌的"情感"策略	（上）https://www.luerzersarchive.com/en/magazine/print-detail/audi-35489.html
		（下）https://www.luerzersarchive.com/en/magazine/print-detail/audi-35490.html
图 3-26	奥迪品牌的"文化"策略	（上）https://www.luerzersarchive.com/en/magazine/print-detail/audi-69851.html
		（中）https://www.luerzersarchive.com/en/magazine/print-detail/audi-69853.html
		（下）https://www.luerzersarchive.com/en/magazine/print-detail/audi-69852.html
图 3-27	风格感官和对应的美学要素	著者自绘
图 3-28	日本梅田医院的空间导向系统	http://www.ad518.com/article/2011/09/3026.shtml
图 3-29（a）	互联网对品牌的影响：2000 年以前的情况	著者自绘
图 3-29（b）	互联网对品牌的影响：2000 年以后的情况	著者自绘
图 3-30	品牌与消费者沟通终端性质发生的变化	著者自绘
图 3-31	技术、文化与服务的关系	著者自绘

续上表

第3章 从消费文化看品牌的跨文化传播			
图序	图名	图源地址	
图3-32	不同的 Google Doodle 标识	注：图片按从上至下排为4行2列	
		（1行1列）	https://www.google.com/doodles/lunar-new-year-2019-vietnam
		（1行2列）	https://www.google.com/doodles/teachers-day-2019-turkey
		（2行1列）	https://www.google.com/doodles/qixi-festival-2019
		（2行2列）	https://www.google.com/doodles/international-womens-day-2019
		（3行1列）	https://www.google.com/doodles/lantern-festival-2019
		（3行2列）	https://www.google.com/doodles/dragon-boat-festival-2019
		（4行1列）	https://www.google.com/doodles/mid-autumn-festival-2019-japan
		（4行2列）	https://www.google.com/doodles/valentines-day-2019

第4章 从文化战略看品牌的跨文化传播		
图序	图名	图源地址
图4-1	锐步的"生活方式"	（上）https://www.luerzersarchive.com/en/magazine/print-detail/reebok-sports-club-sao-paulo-8436.html
		（下）https://www.luerzersarchive.com/en/magazine/print-detail/reebok-sports-club-sao-paulo-8435.html
图4-2	品牌内外文化的关联	著者自绘
图4-3	Brompton 的品牌广告	https://card.weibo.com/article/m/show/id/2309404088027810021216

续上表

图序	图名	图源地址
	第 4 章　从文化战略看品牌的跨文化传播	
图 4-4	Brompton 的折叠步骤与便携性	（左）https://www.assembly-solutions.com/project/brompton-bicycle-wiring-loom/ （右）https://lesvelosdevictor.fr/velos-pliants/
图 4-5	便携的 Brompton	（右上）https://journal.listnride.com/about-britains-largest-bicycle-brand-14e232676a5f （左上）https://www.pinterest.co.uk/pin/831969731147587362/?d=t&mt=login （左中）著者自行拍摄 （左下）https://www.pinterest.co.uk/pin/326511041732664676/ （右下） 参见 Brompton 官网 https://www.brompton.com/ 参见 BW 官网 https://www.b-w-international.com/product/foldon-case/
图 4-6	Brooks150 周年与 Brompton 联名推出的纪念版单车	https://www.brompton.com/news/posts/2015/collaborations-brooks
图 4-7	安踏 2022 年冬奥会特别版运动鞋	https://www.sohu.com/a/314339410_103293?sec=wd
图 4-8	"有牛奶吗？"整体品牌形象设计与传播掠影	参见 Got milk 官网 https://www.gotmilk.com/
图 4-9	故宫文创的系列设计	（上）http://culture.people.com.cn/n1/2018/0810/c87424-30220865.html （中左）https://kknews.cc/zh-sg/culture/kxq5ky8.html （中右）https://www.digitaling.com/articles/85070.html （下）https://www.chainnews.com/articles/326661808496.htm

续上表

第4章 从文化战略看品牌的跨文化传播		
图序	图名	图源地址
图4-10	农夫山泉与故宫的跨界联名设计	https://www.digitaling.com/projects/35573.html
图4-11	intel inside 标识	http://www.lotpc.com/yjzs/4235.html
图4-12	文化与经济的互动	著者自绘
图4-13	文化战略形成的定位和导航系统	著者自绘
图4-14	选择"标准化"和"当地化"战略模式的四个因素	著者自绘
图4-15	品牌知识管理的基本内容	著者自绘
图4-16	"制造-销售"模式	著者自绘
图4-17	"意识-反应"模式	著者自绘
图4-18	"制造-销售"和"意识-反应"模式整合	著者自绘

第5章 品牌跨文化传播的实施系统		
图序	图名	图源地址
图5-1	品牌跨文化传播的资产检视体系	著者自绘

续上表

图序	图名	图源地址
第 5 章　品牌跨文化传播的实施系统		
图 5-2	Helneken 啤酒与酒吧文化	（左上）https://www.luerzersarchive.com/en/magazine/print-detail/heineken-18624.html
		（右上）https://www.luerzersarchive.com/en/magazine/print-detail/heineken-18623.html
		（左下）https://www.luerzersarchive.com/en/magazine/print-detail/heineken-18626.html
		（右下）https://www.luerzersarchive.com/en/magazine/print-detail/heineken-18627.html
图 5-3	文化分析的作用	著者自绘
图 5-4	危险的电缆	http://www.welovead.com/cn/works/details/ccfwirtDe
图 5-5	品牌跨文化传播的执行思路	著者自绘
图 5-6	崇尚"驾驶乐趣"的宝马	（上）https://www.luerzersarchive.com/en/magazine/print-detail/bmw-muenchen-12815.html
		（下）https://www.luerzersarchive.com/en/magazine/print-detail/bmw-muenchen-12814.html
图 5-7	崇尚"安全"的沃尔沃	https://www.luerzersarchive.com/en/magazine/print-detail/volvo-58601.html
图 5-8	主体文化与客体文化	著者自绘
图 5-9	Swatch 的品牌广告	（左）https://www.luerzersarchive.com/en/magazine/print-detail/swatch-28669.html
		（右）https://www.luerzersarchive.com/en/magazine/print-detail/swatch-28670.html
图 5-10	Kuba Disco 的品牌广告	https://www.zcool.com.cn/article/ZNjkzMzA4.html
图 5-11	树图推导方式的分解问题	著者自绘

续上表

第 5 章　品牌跨文化传播的实施系统		
图序	图名	图源地址
图 5-12	DNA 的双螺旋结构	https://www.grueneliga-berlin.de/wp-content/uploads/2009/02/Der-Rabe-Ralf_ DezemberJanuar2008-2009_ Gr% C3% BCne-Liga-Berlin.pdf
图 5-13	关联与创意	著者自绘
图 5-14	绝对伏特加与各地文化	注：图片按从上至下排为 3 行 4 列
		（1 行 1 列）https://www.luerzersarchive.com/en/magazine/print-detail/absolut-vodka-/-in-house-new-york-6970.html
		（1 行 2 列）https://www.luerzersarchive.com/en/magazine/print-detail/absolut-vodka-/-in-house-new-york-6971.html
		（1 行 3 列）https://www.luerzersarchive.com/en/magazine/print-detail/absolut-vodka-/-in-house-new-york-6972.html
		（1 行 4 列）https://www.luerzersarchive.com/en/magazine/print-detail/absolut-vodka-/-in-house-new-york-4824.html
		（2 行 1 列）https://www.luerzersarchive.com/en/magazine/print-detail/absolut-vodka-/-in-house-new-york-6973.html
		（2 行 2 列）https://www.luerzersarchive.com/en/magazine/print-detail/absolut-vodka-/-in-house-new-york-6976.html
		（2 行 3 列）https://www.luerzersarchive.com/en/magazine/print-detail/absolut-vodka-/-in-house-new-york-6977.html
		（2 行 4 列）https://www.luerzersarchive.com/en/magazine/print-detail/absolut-vodka-/-in-house-new-york-6975.html
		（3 行 1 列）https://www.luerzersarchive.com/en/magazine/print-detail/absolut-vodka-/-in-house-new-york-6980.html
		（3 行 2 列）https://www.luerzersarchive.com/en/magazine/print-detail/absolut-vodka-/-in-house-new-york-6978.html
		（3 行 3 列）https://www.luerzersarchive.com/en/magazine/print-detail/absolut-vodka-/-in-house-new-york-6979.html
		（3 行 4 列）https://www.luerzersarchive.com/en/magazine/print-detail/absolut-vodka-/-in-house-new-york-6981.html

续上表

图序	图名	图源地址
第 5 章　品牌跨文化传播的实施系统		
图 5-15	"双立人"刀具与各地文化	https：//www.photophoto.cn/design/2008quanqiuguanggao-nianjian/quanqiuzuijiaguanggaodangan/image_ d8f453430bad4e31.htm
图 5-16	三星智能手机的品牌广告	（左）http：//www.welovead.com/en/works/details/39awhnvvl
		（中）http：//www.welovead.com/en/works/details/75cwhnvvk
		（右）http：//www.welovead.com/en/works/details/463whnvvj
图 5-17	徕卡相机辛亥革命100 周年纪念版	著者自行拍摄
图 5-18	中秋节 Haeagen-Daze 的品牌广告	https：//www.duitang.com/blog/?id＝472238759
图 5-19	品牌符号的重新诠释	著者自绘
图 5-20	Helneken 的调侃式诠释	https：//www.luerzersarchive.com/en/magazine/print-detail/heineken-14437.html
图 5-21	李维斯的品牌广告	https：//www.photophoto.cn/pic/20862212.html
图 5-22	麦当劳的夜间营业广告	（左）https：//www.luerzersarchive.com/en/magazine/print-detail/mcdonalds-65577.html
		（中）https：//www.luerzersarchive.com/en/magazine/print-detail/mcdonalds-65576.html
		（右）https：//www.luerzersarchive.com/en/magazine/print-detail/mcdonalds-65578.html
图 5-23	诺基亚与斗牛士	https：//www.luerzersarchive.com/en/magazine/print-detail/nokia-19504.html
图 5-24	麦当劳纪念人类首次登月 50 周年广告	https：//www.digitaling.com/projects/77867.html

续上表

第5章 品牌跨文化传播的实施系统		
图序	图名	图源地址
图5-25	品牌跨文化传播的执行体系	著者自绘
图5-26	品牌跨文化传播的评估体系	著者自绘
图5-27	品牌跨文化传播的实施系统	著者自绘

第6章 品牌跨文化传播基本理念的反思		
图序	图名	图源地址
无图	—	—

第7章 结　语		
图序	图名	图源地址
无图	—	—

参 考 文 献

[1] 查尔斯·德普雷,丹尼尔·肖维尔. 知识管理的现在与未来 [M]. 刘庆林,译. 北京:人民邮电出版社,2004.

[2] 弗雷德里克·杰姆逊,三好将夫. 全球化的文化 [M]. 马丁,译. 南京:南京大学出版社,2003.

[3] 高中羽. 重整元点 [M]. 北京:生活·读书·新知三联书店,2005.

[4] 冯·特姆彭纳斯,查尔斯·汉普顿-特纳. 跨越文化浪潮 [M]. 陈文言,译. 北京:中国人民大学出版社,2007.

[5] 黑格尔. 逻辑学:下卷 [M]. 杨一之,译. 北京:商务印书馆,1982.

[6] 杰夫·卡特赖特. 文化转型 [M]. 郁启标,姚志勇,译. 南京:江苏人民出版社,2004.

[7] 乔治·拉伦. 意识形态与文化身份:现代性和第三世界的在场 [M]. 戴从容,译. 上海:上海教育出版社,2005.

[8] ANTHONY J. Hip-hop culture crosses into brand strategy[EB/OL]. (2005 - 09 - 12). http://brandchannel.com.

[9] 克劳塞维茨. 战争论:删节本 [M]. 中国人民解放军军事科学院,译. 北京:中国人民解放军战士出版社,1978.

[10] LONG K. Customer loyalty and experience design in e-business [J]. Design Management Review,2004,15 (2):60 - 67.

[11] 罗钢,王中忱. 消费文化读本 [M]. 北京:中国社会科学出版社,2003.

[12] 罗兰·巴特. 符号学原理 [M]. 李幼蒸,译. 北京:生活·读书·新知三联书店,1988.

[13] 拉里·A. 萨默瓦,理查德·E. 波特. 文化模式与传播方式:跨文化交流文集 [M]. 麻争旗,等译. 北京:北京广播学院出版社,2003.

[14] 拉里·A. 萨默瓦,理查德·E. 波特. 跨文化传播:第四版 [M]. 闵惠

泉，王纬，徐培喜，等译. 北京：中国人民大学出版社，2004.

[15] 铃木深雪. 消费生活论：消费者政策［M］. 田桓，张倩，高重迎，译. 北京：中国社会科学出版社，2004.

[16] SAMOVAR L A, PORTER R E. Communication between cultures：fifth edition ［M］. Peking：Peking University Press，2004.

[17] 马尔科姆·沃纳，帕特·乔恩特. 跨文化管理［M］. 郝继涛，译. 北京：机械工业出版社，2004.

[18] 马克斯·H. 布瓦索. 信息空间：认识组织、制度和文化的一种框架［M］. 王寅通，译. 上海：上海译文出版社，2000.

[19] 马丁·J. 甘农. 异域文化之旅：体悟23个国家的文化象征［M］. 黄华光，徐力源，译. 北京：当代世界出版社，2004.

[20] 马克·布莱尔，理查德·阿姆斯特朗，迈克·墨菲. 360度品牌传播与管理［M］. 胡波，译. 北京：机械工业出版社，2004.

[21] 马克·戈贝. 情感品牌：如何使你的企业看上去与众不同［M］. 向桢，译. 海口：海南出版社，2004.

[22] 奈杰尔·希尔，吉姆·亚历山大. 客户满意度和忠诚度测评手册［M］. 廉奇志，唐晓辉，译. 北京：机械工业出版社，2004.

[23] 乔治·里茨尔. 社会的麦当劳化：对变化中的当代社会生活特征的研究［M］. 顾建光，译. 上海：上海译文出版社，1999.

[24] 乔治·冯·克罗，一城一雄，野中育次郎. 实现知识创新：部分世界500强企业发掘隐性知识掠影［M］. 余昌楷，等，译. 北京：机械工业出版社，2004.

[25] 让·波德里亚. 消费社会［M］. 刘成富，全志钢，译. 南京：南京大学出版社，2004.

[26] HODGETTS R M, LUTHANS F. International business：culture，strategy，and behavior［M］. New York：The McGraw-Hill Companies Higher Education Group，2003.

[27] FROST R. Local success on a global scale［EB/OL］.（2005－05－02）［2019－11－20］. http://brandchannel.com.

[28] FROST R, Building confidence in your brand，［EB/OL］.（2005－05－16）［2019－11－20］. http://brandchannel.com.

[29] 单波，石义彬. 跨文化传播新论［M］. 武汉：武汉大学出版社，2005.

[30] 宋耕. 重读传统：跨文化阅读新视野［M］. 北京：外语教学与研究出版

社，2005.

[31] 孙隆基. 中国文化的深层结构 [M]. 桂林：广西师范大学出版社，2004.

[32] 尚·布希亚. 物体系 [M]. 林志明，译. 上海：上海人民出版社，2001.

[33] 史蒂夫·莫腾森. 跨文化传播学：东方的视角 [M]. 关世杰，胡兴，译. 北京：中国社会科学出版社，1999.

[34] 特瑞·伊格尔顿. 文化的观念 [M]. 方杰，译. 南京：南京大学出版社，2003.

[35] 泰勒·考恩. 商业文化礼赞 [M]. 严忠志，译. 北京：商务印书馆，2005.

[36] 王岳川. 发现东方：西方中心主义走向终结和中国形象的文化重建 [M]. 北京：北京图书馆出版社，2003.

[37] 西莉亚·卢瑞. 消费文化 [M]. 张萍，译. 南京：南京大学出版社，2003.

[38] 原研哉. 设计中的设计 [M]. 朱锷，译. 济南：山东人民出版社，2007.

后　　记

品牌传播不单单是营销的手段，消费者也不单单是"市场模型"的构成单元，当我们把消费者视为真实存在的"人"，把品牌视为"人"的消费行为与观念，一个豁然开朗的文化视域便呈现于眼前。文化总蕴藏于诸多表征中，因此，研究品牌的文化，我们需要关注那些视觉性的文本，以及掩藏在纷繁现象表征之下的图像逻辑。本书以品牌的视觉文本为研究素材，通过对案例的深入解读，着力解构特征迥异的品牌跨文化传播现象，并在此基础上形成了具有文化自觉力的中国本土品牌的跨文化传播策略体系。

本书以笔者的博士学位论文为基础，经过多年的积累与打磨，终将付梓，感触颇深。衷心感谢我博士阶段的导师高中羽教授，是他让我从一位流连于创作梦想的设计师蜕变为一位观念的思考者、践行者；是他让我感悟形态"使然"的缘由，树立观念"应然"的理想，由此才能发现理论与实践的真正界域；也正是他的悉心引导，才让我可以看到如此别样的品牌"风景"，感受文化之于品牌传播的巨大力量。在高老师离世十余年之后，每念于此，感激与怀念之情溢于言表。

愿本书能带给读者真实且不一样的品牌视野。

廖宏勇
2020 年初春于雅郡园